これからの「歴史教育法」

野﨑雅秀
Nozaki Masahide

山川出版社

はじめに

　私がこの本を執筆しようと考えた理由は３つある。①教育実習で初めて教壇に立つ学生が，安心してスムーズに授業を進められるようになってほしいということ，②初任から10年くらいで，授業の進め方などに悩みや不安を感じている先生へ，いくつかのアイデアを示したいということ，③私自身が教師生活26年目を迎え，これまでの実践を振り返り，これを世に問い，忌憚のない意見助言を求め，これからの授業に生かしていきたいということ，の３つである。
　教育学者の別府昭郎氏は，教師として必要な資質を４つ挙げている。すなわち，①教科の専門性を高めること，②生徒と共に学ぶ姿勢を持つこと，③生涯にわたって学び続けること，④元気であること。
　また，同じく教育学者の佐藤学氏は，①テキストへの敬意，②先人への敬意，③共に学ぶ仲間への敬意，を教師が大切にすることとして挙げている。私は，別府氏の４つの資質と，佐藤氏が述べている３つの尊敬することを念頭に，授業づくりを行っている。
　「學」という字は，冠に「メ」が２つあるが，これは交わりを示している。１つが，先人との交わり，もう１つが，共に学ぶものとの交わり。そして，交わりの左右は両手を示しているという。交わりを手で支えているのである。それは，儀礼などを子弟が学ぶ，「学び舎」の意である。そのもとに「子」がある。
　「学びて思わざれば則ち罔（くら）し。
　　思うて学ばざれば則ち殆（あや）うし」（『論語』巻第一，為政第二）
　（学ぶだけでそれについての思索が伴わないと，ものごとの道理がはっきりわからない。考えても学ばなければ，独断におちいって危険である）
　教師は，生徒と共に，教室で学び続ける存在なのである。

　そして，教師はたえず「本を読む」ことをつづけていかなければならない。１週間に１度は書店に行き，書棚を眺める。行きつけの書店が数店舗あること。調べものができ，思索ができる図書館がいくつかあること。「本を読む」ためには，あちこちに足を運ぶ必要がある。
　本を読むということの「名言」がいくつもある。
　「本というものは，僅か数行でも役に立てば，
　　それだけで，十分値打ちがあるものである」（津田左右吉，歴史学者）

「読書は充実した人間をつくり，会話は機転の利く人間をつくり，執筆は緻密な人間をつくる」（ベーコン，イギリスの哲学者・政治家）
　読書は，読む人と著者との「静かな対話」である。考えながら読む，頷きながら読む，附箋を貼る，メモを取る，線を引く……。「眼光紙背に徹す」という読み方もある。21世紀になっても，「読書」は変わらない。

　本書の内容を順に追ってみていきたい。まず，第1章で，教師とは何か，教師論・社会科の教師の資質について考察していく。第2章から第6章では，授業づくりの基本について学んでいく。授業論・教材論・歴史教育論・学習指導案の作成・教育実習の実践について言及する。第7章から第10章では，教師の日々のあり方・学びの共同体の実践，アクティブラーニングの授業の方法を考察し，私の実際の授業実践を紹介する。最後に，第11章と第12章で，学び続ける教師・歴史学と歴史教育についての考察を行って，まとめとする。
　授業の方法については，いわゆる講義式の授業の基本，①板書，②発問（やりとり），③構成の方法を学んでいく。次に，学びの共同体の考え方，アクティブラーニングの考え方にそって，実際に歴史の授業をどのようにして創っていくかをみていく。
　教室での授業の究極の目標は，「生徒一人ひとりの学び」「学習内容の理解」であり，さらに，そこから個々が課題を見つけ発展させていき，「深い学び」が生まれることである。こうした「深い学び」の習慣をつけていくことで，21世紀の国際社会で，主体的に行動できる人間になることができるであろう。「戦争を防止し，平和で民主的な国際社会を実現すること（2009〈平成21〉年学習指導要領「日本史A・日本史B」）」を基盤とし，多様な価値観が存在する地球で，民主的に，冷静な判断ができ，多様性がある個々を尊重できるような人間を育てることが求められている。
　こうした基本の哲学を芯に持ち，けっしてぶれずに，歴史・社会科教師として教室で日々の実践に取り組んでいきたい。

　　　　　　　　　　　　　　　　　　　　　　　　　　　　　　　野﨑雅秀

目　次

はじめに

第1章　教師とは何か〈教師論〉……………………………………… 1
1. 教師論　*2*
2. 社会科教師の資質　*6*

第2章　授業のデザイン〈授業論〉…………………………………… 13
1. 授業の準備　*14*
2. 授業の構成　*16*
3. テストと評価　*23*

第3章　教材の見つけ方・選び方・活用法〈教材論〉………………… 25
1. 教材とは何か　*26*
2. 教材の見つけ方　*27*
3. 教材をつくる　*30*

第4章　歴史教育の実践者に学ぶ〈歴史教育論〉……………………… 33
1. 黒羽清隆氏に学ぶ　*34*
2. 有田和正氏に学ぶ　*37*
3. 加藤公明氏に学ぶ　*39*

第5章　学習指導案の作成…………………………………………… 43
1. 学習指導案とは　〜授業の設計図〜　臨機応変の対応　*44*
2. 学習指導案の具体例　*45*
3. 学習指導案の生かし方　*48*

第6章　教育実習の準備〈授業と検討会〉……………………… 49
1 教育実習の準備　流れと留意点　*50*
2 教育実習の本番　*51*
3 授業を行う　*52*
4 授業検討会　*54*
5 教育実習のまとめ　*54*
6 指導教員も学ぶ教育実習　*56*
7 ある教育実習生の3週間の成長　*56*

第7章　つねに現在を考える……………………………………… 61
1 元旦の社説を読む　*62*
2 データを大切にする　*67*

第8章　「学びの共同体」の実践・課題…………………………… 71
1 学びの共同体の哲学とは　*72*
2 学びの共同体の授業実践　*75*
3 学びの共同体の課題　*79*

第9章　アクティブラーニングの進め方と注意点……………… 85
1 導入の契機　*86*
2 アクティブラーニングとは　*86*
3 アクティブラーニングの実際　*88*
4 進めていくうえでの注意点　*92*
5 アクティブラーニングの授業の用語　*96*

第10章　授業の実際……………………………………………… 99
1 足尾鉱毒事件と田中正造を考える　*100*
2 日比谷焼打ち事件を考える　*103*
3 集団的自衛権を考える　*105*

第11章　学びつづける教師……………………………………111
- **1** 問題意識・課題をつねに持つ　*112*
- **2** 教師としての資質を向上させる本を読む　*112*
- **3** 新書を読む　*117*
- **4** 年度末の引継ぎの会　*121*
- **5** 現地を訪れる　*122*

第12章　歴史学と歴史教育の未来……………………………123
- **1** 社会科・歴史教育の歴史　*124*
- **2** 現在の歴史教育の課題　*127*
- **3** 北海道の歴史と沖縄の歴史の位置　*129*
- **4** 東アジアの中の日本というとらえ方　*132*
- **5** 歴史教育の未来　*134*

おわりに
参考文献
あとがき

第1章

教師とは何か
〈教師論〉

1 教師論

［1］出会った教師を思い出してみる

　人は一生に何人の教師と出会うのであろうか。保育園（幼稚園）・小学校・中学校・高等学校・専門学校・大学……。「担任」として関わって下さった教師は，15人から20人近くになるだろう。教師として仕事をしていくうえで，影響を受けた教師が誰にでもいる。その教師の「言葉」「話し方」「しぐさ」を思い出し，自分自身もそれを受け継いでいると思う。

　私は大学で社会科教育法の講義を担当すると，まず第1回目の講義で，学生に印象に残っている教師を思い出してもらう。そして，その教師はどういう教師であったかを書いてもらう。すると，共通することが見えてくる。例えば，「本気で怒ってくれた教師」「私の話をよく聞いてくれた教師」など。

　教師が「本気で叱る」ことは，1年間に数回しかないだろう。しかし，本気で怒る姿を生徒は覚えているのかもしれない。叱る回数は少ないが，その時は「本気」で怒ること。それが大切なのだ。

　また，叱るときに，その現場で怒ることはもちろん大切だが，生徒を呼び寄せ，教員室で叱ることもある。私の経験上であるが，教員室でお互いが椅子に座り，同じ目線で「冷静に」話すことで，生徒に本意が伝わることがよくある。以前，服装の問題で生徒を教員室に呼び寄せ，生徒の考えを十分に聴いたうえで，こちらの考えを伝えた。すると，数日後には服装の問題は解決したことがあった。

　こんなこともあった。問題行動を起こした生徒だが，1対1でじっくりと話をすることで，しだいに「落ち着き」を取り戻し，冷静になり，自分のしたことを客観的に振り返ることができた。そして，自分の間違いを受け入れて，改善の方向へ進んでいった。

　教師が，生徒と同じ目線で話すことの大切さは，何度となく経験することである。授業中に暴言を吐いた生徒がいた。授業後，すぐに教科の部屋に呼んで，どうして言ったのかを聴いた。生徒と同じ目線で座って話をした。理由があった。その生徒は何度となく，そうした暴言を大きな声ではないが，いろいろな場面でポツリと言っていた。その後，しばらくして，その生徒は暴言を吐かなくなった。様子をうかがうと，家庭で赤ちゃんが生まれて，父母は共に下の子

にかかりっきりになっていて，生徒は家庭で構われなくなっていたようだった。人間は，どこかで人に面倒をみてほしい，気にかけてほしい。特に思春期の子どもはそうだ。学校で，少し迷惑をかけるそぶりをして，気にかけてほしかったようである。

　教師の役割の1つには，子どもたちの日々の学校生活での問題を解決する手立てを行うことがある。学校という集団生活の場では，時として問題が起こる。問題は，すぐに解決できる場合もあり，じっくりと時間をかけて解決する場合もある。「迅速」に行うことと「辛抱」強く「時間をかけて」行うことを念頭に解決していく。

　繰り返しになるが，このように，教師が生徒と同じ目線で話すことの大切さは，教師生活の中で，何度となく経験することである。

[2] 教師と教員

　教師と教員という響き。どこが違うのだろうか。教師＝「教えの師」，子どもたち，後進の人々を教え導くことを生業とする者。教員＝「教える人」。

　「教師」という気持ちを心の奥にしまいながら，日々の教育活動を過ごしていきたい。なかなか難しいことである。日々，ひたすらに教室へ向かう。

　だれでも，支えとなる尊敬する教師がいるだろう。教師を目指していくうえで影響を受けた教師がいるだろう。それは，次のように分類できる。

①　児童・生徒・学生時代に直接教えを受けた教師
②　著書から教えを受けた教師
③　（実際に教師となり）同僚としての教師（先輩・後輩を問わず）

　まず，自分が生徒であったときに出会った教師の影響がある。私が生徒であったのは，1974（昭和49）年から1990（平成2）年であるが，昭和までは，叱られたり，怒られたりしたとき，お尻を蹴られたり，頭を叩かれたこともあった。今となっては思い出である。現在は，「体罰」は厳禁である。

　泳げない私を懸命に指導して下さった先生，市内競技大会へ向けて放課後にポートボールや幅跳びの練習をとことん指導して下さった先生。放課後の委員会で人生論を話して下さった先生，社会科という科目に興味を持つきっかけを作って下さった先生。こうした，その時々に，生徒であった私たちに良く学ぶ機会を与えて下さった先生方に感謝する。

　次に，著書から影響を受けた先生。もうすでに一線は離れているが，著書を

読むと，その「熱意」がひしひしと伝わってくる。私もそんな教師になりたいという影響を与えて下さった。斎藤喜博先生・武田常夫先生・林竹二先生。

現役で，現在も日本，世界の教育をリードして下さっている佐藤学先生。

最後に，同じ学校という職場で，運命を共にしている先生方。世界史の授業に命をかけている工藤智先生，日本史の深み，民衆の視線などたくさんの視点・視角を教えて下さった草川剛人先生。

そうした教師との「出会い」は，感謝するべきことだと思っている。

このような教師を，頭の中に，心の中に抱き，常にその教師の「ことば」「授業」を思い出す。そして，自分の授業に取り入れてみる，真似してみる，そして，応用してみる。そのことによって，教壇に立つ意識が変わる。

そうした意識を持つことと，もう1つ大切なことは，教師としての「哲学」を持つことである。

[3] 教師としての哲学

われわれは，教師としての「哲学」を持っているか。21世紀の教師の役割・使命とは何であろうか。

教育学者の佐藤学氏の論考（『専門家として教師を育てる』岩波書店，2015年）をもとに考えていきたい。

佐藤氏は，教師としての「哲学」を持っているかと，教師に問う。そして，21世紀の教師の役割・使命について，以下のように述べる。

> 学校教育の公的な使命と責任とは「一人残らず子どもの学ぶ権利を保障し，その学びの質を高めること」にあり，学びの〈質と平等の同時追求〉によって「民主主義社会を準備すること」にある。教師の使命と責任も同様である。教室にいる全員の学ぶ権利を保障すること，そして，学びの質を高めること。学びの質を高めるためには，「深い学び」にならなくてはならない。深い学びは，授業における「問い」「課題」が洗練されていて，しかも，その「問い」「課題」を考えていると，またさらに「次の問い・課題」が生まれてくるものである。

「一人残らず子どもの学ぶ権利を保障」すること。その「学びの質を高める」こと。学びの〈質と平等の同時追求〉によって「民主主義社会を準備する」こと。このことを実現させるには，「深い学び」を追究しなければならない。深い学びを教室で実現させるために，子どもたちに対して，洗練された「問い」と「課題」が

きちんと提示できるか。さらに，その課題の先に，疑問に思ったことやさらなる思考から「次の問い・課題」がいかに生まれてくるか。

この「次の問い・課題」というものは，教師が真剣に子どもたちの声に耳を傾け，子どもたちの小さな「囁き」という貴重なことばをきちんと聴くことで気づくものである。そのためにも，教師は，ことば少なめに，教室でも子ども同士の「関わり」「会話」に耳を傾けることが必要である。

私の授業実践からひとつ，生徒から学んだ「次の問い・課題」を紹介する。

「足尾鉱毒事件と田中正造」という授業を行った際に，授業者である私がこの授業の学びの目標にしたのは次の通りである。田中正造という人間が，衆議院議員として帝国議会で被害の状況を説明し，国家に対してその保障を求めていくだけでなく，谷中村に入り，農民と共に暮らし，共に公権力と戦うことで，現地の農民を理解し，農民からも理解されたことを学ぶ，ということである。授業後の感想で，ある生徒は，「では，公害を出した方の古河市兵衛は何を考えていたか」という問いを出してきた。この生徒は，被害者の側や，国家の側だけでなく，公害を出していた古河市兵衛その人はどう考えていたかという疑問を持ったのであった。これなどは，まさに，「次の問い・課題」であり，これを考えていくことで，学びはいっそう深いものとなっていく。足尾鉱毒事件を，被害者の視点・角度からだけ見るのではなく，加害者の視点からも考えることを，この生徒から教えてもらった。

さらに，佐藤氏は「学びのデザインとリフレクション」の項目で次のように言う。

> 授業と学びは，結果ではなく過程である。授業実践の過程において，教師は特定の教材と特定の子どもを特定の学びへと結実させる活動を行っている。…教師は，刻々と変化する教室の文脈において，教材を媒介として教育内容の知識を再構成し，生徒の行為の意味を省察し，生徒の動きに対応して自らの活動と生徒の学びをデザインし，そのデザインによって生起する教室の出来事の省察と判断によって，さらなる授業の展開へと結びつけている。

50分の授業はある意味「生き物」である。陳腐な展開になることもあれば，スリリングで深みのある展開になることもある。そこで，「今」教室で起こっている，生徒たちの「心の動き」「頭の思考状態」を教師が察知して，教える内容を点検する。「細かく」展開の順序を変える，考えていた「発問」を変えるなど，生徒

の動きの意味を「省察」する。

　さらに，佐藤氏は次のように述べる。
　　こうした教師の教室での授業の毎時間毎時間は，「見えない実践」として位置付けられている。同じ授業は2度とない。教室での出来事を，教師は教室全体を見渡して，感じ取っていく。日々の授業実践の繰り返しの中で，教師もまた成長していくであろう。生徒の小さな「ささやき」にも心を馳せて，注意深く，生徒の声に傾ける。そこから，授業が始まる。
　　①「学びのデザイン」②「授業実践」③「リフレクション（省察）」という3つの活動が循環し続ける学びであり，この循環を継続することによって，教師は専門家として成長を遂行していく。

　普通教師は，1年間に何時間授業をするであろうか。1週間16時間（コマ），年間30週間で計算すると，480時間となる。実際，行事や定期試験があるのでもう少し少ないかもしれない。何事も，1つのことを極めるために「1万時間」という数値が挙げられる。10年で4800時間，20年で9600時間，21年目で10080時間となる。つまり，21年目というのが教師の1つの「節目」になるのかもしれない。しかし，毎時間毎時間を「意識」して授業に臨んでいることが，その条件である。

　授業は，高度な緊張感に包まれながら教師と生徒が創っていく場なのである。だが，教師は，その緊張をあまり見せず，穏やかな教室の雰囲気・空気を調整しながら，その授業を「深み」へと導いていかなければならない。

　教師が「成長」していくには，日々の授業実践の繰り返しの中で，起こる出来事を「どう感じて」「どう考えて」「どう働きかけるか」をきちんと行うしかない。そうした，毎時間毎時間の授業の積み重ねと「省察」の繰り返しで，教師もまた成長していく。

2　社会科教師の資質

［1］中学校社会科・歴史的分野と高等学校地理歴史科の学習目標

　2008（平成20）年3月告示の中学校社会科の学習指導要領を見ていく。
　中学校社会科の目標は，
　　広い視野に立って，社会に対する関心を高め，諸資料に基づいて多面的・

多角的に考察し，我が国の国土と歴史に対する理解と愛情を深め，公民としての基礎的教養を培い，国際社会に生きる平和で民主的な国家・社会の形成者として必要な公民的資質を養う。

とある。

歴史的分野の目標は，

(1)歴史的事象に関する関心を高め，我が国の歴史の大きな流れを，世界の歴史を背景に，各時代の特色を踏まえて理解させ，それを通して我が国の伝統と文化の特色を広い視野に立って考えさせるとともに，我が国の歴史に対する愛情を深め，国民としての自覚を育てる。

(2)国家・社会及び文化の発展や人々の生活の向上に尽くした歴史上の人物と現在に伝わる文化遺産を，その時代や地域との関連において理解させ，尊重する態度を育てる。

(3)歴史に見られる国際関係や文化交流のあらましを理解させ，我が国と諸外国の歴史や文化が相互に深くかかわっていることを考えさせるとともに，他民族の文化，生活などに関心をもたせ，国際協調の精神を養う。

(4)身近な地域の歴史や具体的な事象の学習を通して歴史に対する興味・関心を高め，様々な資料を活用して歴史的事象を多面的・多角的に考察し公正に判断するとともに適切に表現する能力と態度を育てる。

とある。

次に，2009(平成21)年3月告示の高等学校の地理歴史科の学習指導要領を見ていく。なお，2016(平成28)年度から小学校・中学校・高等学校の学習指導要領は全面改訂となり，実施時期は，小学校は2020年度，中学校は2021年度，高等学校は2022年度以降になる。

高等学校地理歴史科の目標は，

我が国及び世界の形成の歴史的過程と生活・文化の地域的特色についての理解と認識を深め，国際社会に主体的に生き平和で民主的な国家・社会を形成する日本国民として必要な自覚と資質を養う。

とある。

日本史Aの目標は，

我が国の近現代の歴史の展開を諸資料に基づき地理的条件や世界の歴史と関連付け，現代の諸課題に着目して考察させることによって，歴史的思考力を培い，国際社会に主体的に生きる日本国民としての自覚と資質を養う。

日本史Bの目標は,
　我が国の歴史の展開を諸資料に基づき地理的条件や世界の歴史と関連付けて総合的に考察させ, 我が国の伝統と文化の特色についての認識を深めさせることによって, 歴史的思考力を培い, 国際社会に主体的に生きる日本国民としての自覚と資質を養う。

　中学校と高等学校の学習指導要領に共通しているのは, ①我が国の国土と歴史, 生活・文化の地域的特色の理解と認識を深めること, ②国際社会で生き平和で民主的な国家・社会の育成者となることである。

　まず, 自国(日本)の特色・特徴を理解して認識を深める。そして, 「平和」で「民主的」な社会の主体的な育成者となること, 最近の考えでは「シティズンシップ」教育の視点を大切にした教育と言えよう。

　21世紀となり, 昨今のテロ事件・地域紛争など, 世界では問題が後を絶たない。しかし, 国際社会で生きていくことが不可欠な現代, 個々の子どもたち生徒たちが, 国際社会で主体的に生きていける力, そして, 世界中から見れば比較的経済的には恵まれている国である「日本」で生きている私たちは, 民主的な国家・社会の育成者となることを目標にしている。この状態・使命は, 今後も変わらないであろう。

　では, 個々の教師にはどのような資質が必要なのであろうか。

[2] 理想の教師とは

　大学の社会科教育法を担当したときに, 第1回目の講義では, 「教師論」を行っている。2010年度の講義において大学生が考えた「理想の教師」を以下にいくつか紹介する。

- 生徒を平等に扱ってくれて, ある程度の距離を持っている教師
- いろいろな教員がいてよい。ロマンがある「教員」
- 共に学び合う教員
- 人間としてもいいなと思える教員
- 生徒も成長させるが, 先生も成長する教員
- 自然体でいる教員
- 影響を与える存在。大人である。半歩先を歩んでいる存在

　次に, 2016年度の高校生(2年生と3年生)の考える「理想の教師」を, 教科面や生活指導面など多岐にわたるので, すべて紹介したい。

- 説明がわかりやすい（19人）　・面白い（9人）
- 楽しそうに授業をしてくれる先生（6人）
- わかるまで，教えてくれる（5人）
- オンとオフがある。雑談を入れてくれる（4人）
- 声が聴き取りやすい（3人）　・豆知識をたくさん言ってくれる（3人）
- 自分の信念を持っていて，それを貫いている教師（2人）
- 質問に丁寧に答えてくれる（2人）
- その教科への情熱を持っている（2人）
- 教科書に書かれていないことを教えてくれる（2人）
- 理解できるまでゆっくりと教えてくれる　・明るい
- 黒板が分かりやすい　・記憶に残りやすい　・頭に入りやすい授業
- 歴史の小話をしてくれる　・ためになる授業　・プリントが見やすい
- 日本史を学ぶことの素晴らしさ，楽しさを教えてくれる
- 自分の授業を常に良いものにしようとしている
- 話しやすい，相談しやすい先生（5人）
- 真剣に親身に向き合ってくれる先生（4人）
- 一人ひとりを見てくれる（3人）
- 怒るのでなく，注意してくれる（2人）
- 生徒の事情をある程度分かってくれる先生（2人）
- 優しい（6人）
- 生徒たちの意見をしっかり聞いて尊重してくれる（5人）
- フレンドリーである。話しやすい（4人）
- しっかりしていて信頼できる（2人）
- 一緒にイベントを楽しんでくれる（2人）
- 自分の意見・価値観を押し付けない先生（2人）
- 公平である（2人）　・熱い先生（2人）　・丁寧（2人）
- 真面目　・雑学に強い　・常識がある　・教養がある
- 先入観なく馬鹿にしないで味方になってくれる
- 生徒を差別しない　・子どもをなめない　・威圧感がない
- 常に新しい知識を求めている　・声をかけてくれる
- バリアがない　・生徒とある程度の距離がある
- 今関わりがなくても気にかけてくれる

・礼儀正しい　　・ちゃんと叱るときは叱る
・穏やか　　・熱血すぎない

　教師に求めることは多岐にわたる。授業を通してさまざまなことを教えてくれる教師を求めている。一方で、「恐い先生」や「優しい先生」などさまざまな先生がいる学校がいいという意見もある。その通りである。社会の縮図でもある学校。いろいろな教師(人間)がいて、そこで子どもたちも学んでいく。

　教室では、生徒たちは「教師」を本当によく見ている。教師は、礼儀正しく、前向きで、自分の授業を常に良い授業にしようという心掛けを持っていたい。それを、生徒は気づいている。

　そして、生徒の一人ひとりのことを注意深く見ること。声をかけてほしいという合図を感じ取ったら、声をかけていくこと。毎日毎時間の積み重ねである。

　反対に、生徒から声をかけられたときは、その生徒の話をよく聴くこと。生徒は何かを伝えたい。ただ、「ひたすら」に聴いてみる。

　私自身、26年前に、ある先輩の先生に「教師はこうあるべき」であると語っていたことがあった。すると、その先生は「20年後もその気持ちを忘れずにいられるかな」と言っていた。その後、20年以上たったが、その気持ちはぶれずにいる。それは、生涯成長していく教師でありたいという信念である。

[3] 現代に求められる教師

　21世紀になり早17年。日本では社会構造の変化が起きており、世界でもグローバル化が進んでいる。そんな時代に、求められる教師とはどのような教師であろうか。

　社会科教師としての資質・人間性を考えてみたい。社会科という科目の特質上、個々の教師は特に、まず「公平」であること、「平和・民主・平等」を重んじる、「多様な意見・異なる意見」を認めることが不可欠となる。

　そのうえで、「より良い社会・日本・世界」の在り方を考えていることも大切だといえる。そこで、「社会問題」に敏感であること。例えば、領土問題、貧困問題、差別問題、ゴミ問題、大量生産・大量消費、長時間労働問題、雇用問題、男女共同参画社会、といった人間の在り方に関わる問題を考える。

　次に、高度経済成長の時代が終わり、二十数年にわたる不況の時代を経て、これからの日本社会の在り方の「グランドデザイン」を描く力。経済成長を求め続けていいのか、持続可能な社会でいいのか、新たな価値観の下での政策が必

要ではないか，成熟社会へ移行すべきか，少子高齢社会への対応，人口減少社会への対応。そこで，「豊かさとは何か」をもう一度みんなで考えてみる。その際に，私たちが生きていくために必要な，「衣食住」のそれぞれの「生産・流通・消費・廃棄(処分)の流れ」を詳細に調べて考えることも必要であろう。常に，私たちの身の回りに必要な「モノ」は，どこからきて，どこへ行くのかを考える習慣を持つ。

　「震災後」という表現がある。2011(平成23)年3月11日のいわゆる「3・11」という出来事をどう感じ，どう考えるか。それは，原子力発電の今後の在り方を考えることであり，エネルギー問題を考えることになる。

　「在日朝鮮人・韓国人」がどうして存在しているのかを歴史的事実から考える。「アイヌ」の人々，「沖縄(琉球)」のことを考える。独立国家であるのに，どうして「在日米軍」が存在するのかを歴史的事実から考える。「地方消滅」という事態はどうして起きているのかを考える。

　それぞれが住んでいる地域に関わり，地域・郷土の歴史を考えること。身近なことを考える感性・習慣を大切にしたい。

　このようなことを，生徒・学生と「共に考える」教師が今大切なのだと思い，私自身もそうなりたいと心掛けている。

第2章

授業のデザイン
〈授業論〉

この章では，実際に授業を展開していくうえでの基礎的な方法を紹介する。昨今「アクティブ・ラーニング」が導入されているが，ここでは，従来の授業の展開を述べていく。授業には，今後もさまざまな方法がとられていく。そこで，従来の方法も学んでおくことは，「アクティブ・ラーニング」が中心になっていったとしても，けっして無駄なことではないと考える。

1　授業の準備

　教師となって1年目は，プリントの作成で毎日夜遅くまでその準備に追われていた。完成したプリントを，朝早めに学校で印刷して，授業になんとか間に合うようにした。2年目3年目となると，作成していたプリントを改訂しながら，工夫をしていった。5年目以降，少しずつゆとりが出てきて，このままでいいのかなと自問自答した。当時は「世界史」を担当していた。ヨーロッパの中世文化の授業で，例えば「ニーベルンゲンの歌」「ローランの歌」「アーサー王物語」といった用語を板書するが，詳細な内容には触れない。そこで，この3つの作品すべてを読むことはできないが，今年は「アーサー王物語」と決めて，文章の一部をコピーして生徒に配付して，みんなで読むことを行った。

　そして，私の場合は遅かったが，10年目に「史料を読む」こと，しかも，じっくりと読むことを目標にした。

[1] 授業とは

　1時間(50分)の授業をどうするか。後述するが，毎年4月(春休み中)に「年間指導計画」を立てておく。この計画を立てておけば，安心して1年間を「生徒」と共に授業を創造していける。もちろん，急な変化に対応しなければならないこともあるが，そのときは慌てずに対応すれば良い。

　年間指導計画をもとに，1時間の授業案を練っていく。授業の基本は，①導入，②展開1，③展開2（＋場合によっては展開3），④まとめ，となる。

　①～④をうまく時間配分していく。

　また，授業は，生徒たちの「集中」が求められるが，授業の中で，緊張を解く時間や，「集中力」が弱まったときに，「余談」「ストレッチ」などを入れることも

ある。

　そして，授業に盛り上がりを持たせることもある。ただ，生徒の意見が活発であるからといって，授業に深みがあるかというとそうとはいえない。反対に「静けさ」の中で，生徒は個々が「深い思考」を行っているものだ。

［2］板書計画

　板書は，生徒一人ひとりが，「ノートの作成」をするために重要なことである。生徒は，「自分だけのオリジナルなノート」「世界で1冊の唯一のノート」を作っていく。ノートは，「書く」という行為と，書いた文字情報を「見る」という行為，気づき（ひらめき）や疑問をメモして「考える」という行為として大切である。また，授業後での「復習」や試験勉強にも役立たせることができる。

　以下に，板書するうえでの注意点を説明する。

① 社会科の授業なので，黒板の中央に「地図」を書いたら1時間ずっと消さずに残しておく。

② シンプルな板書を心掛ける。黒板の大きさにもよるが，2等分か3等分に割る。そして，その1つのスペースに，書くのは6～7行までである。文字の大きさは，7～8cm四方の大きさである。教室の後ろに実際に行き，字の大きさは確かめるといい。くわえて，下から20cmまでの場所は書かない。後ろの生徒には見えない。

③ チョークの場合，「白」「黄」が基本である。「赤」は見えにくい（ただし，最近改良されたチョークがある）。

④ 「→」の使い方に注意。4月の授業開きなどで，「→」は，どういう意味であるか説明すると丁寧である。

⑤ 「メモ」させる習慣をつくる。黒板はシンプルに書き，補足・説明をメモさせる。生徒が，板書をほぼ終えている頃合いを見計らって，補足・説明を「ゆっくり」と「はっきり」と「わかりやすく」言う。そして，メモさせる。黒板の情報だけを書くのではなく，教師の「ことば・説明」もノートに書かせたい。

　板書に関して，生徒の感想を紹介すると，「黒板がすっきりしていて見やすく，ノートをとりやすかったのでテスト対策もしやすかったです」というものがあった。

[3] 授業方法の基礎

① テキストに印をつけさせる。例えば，教科書を順番に読んでもらい，明治大学の斎藤孝先生の「三色ボールペン」のように，大切なところ，疑問点，面白い・興味を持った箇所にそれぞれサイドライン・アンダーラインを引かせる。

史料を読んで，ポイントとなる箇所にサイドラインを引かせる。

② テキストを「黙読」させる。これは，個人の作業である。個々に，テキストへ向かわせる。

③ テキストを「音読」させる。

④ 「隣同士」で話し合わせる。

⑤ 「グループ」になって話し合わせる。

(④，⑤に関しては，第9章を参照)

2 授業の構成

[1] 年間指導計画

教科書の目次・本文を見て，1年間の授業計画を立てる。パソコンでエクセルを用いてつくると便利である。これを，新年度の始まる前の3月下旬から4月の春休み中にやっておくと安心して新学期がスタートできる。

例えば，日本史Bで，4単位で年間60時間の授業と想定してみる。エクセルでつくった表に以下のような項目で計画を練る。

年間指導計画

時間	日付	授業単元項目	指導内容	留意点
1	4／10(月)	授業開き 授業の進め方・ガイダンス	ノートの取り方 プリントの整理	
2	4／11(火)	第1章　日本文化のあけぼの 　1　文化の始まり		
…		(略)		
21	5／23(月)	1学期中間考査	範囲 ○○〜○○	授業の感想 意見

…		（略）		
30	10／15（月）	第8章　幕藩体制の動揺 　1　幕政の改革		
40	12／16（金）	特別授業 　　領土問題を考える	北方領土 竹島・尖閣諸島	日本政府の考え方と相手国の考え方の違い
…		（略）		
60	3／3（金）	学年末考査	範囲 ○○〜○○	1年間の授業の感想・意見

　このような年間計画をもとに授業を進めていく。予定通り進まないこともあるが，そのときには適宜，修正していく。

［2］　1時間の授業構成の準備
〈学習指導案の作成〉
　学習指導案を作成してみる。指導案の項目には，予想される生徒とのやりとりも記入しておきたい。
〈導入の工夫〉
　実物教材を授業に持ち込めるときは，持ち込んで生徒に直接見せたり，触らせると，生徒も興味を持つ。例えば，地租改正の授業で，「地券」の実物があれば，生徒に提示し，見せるといい。古書店にあれば購入できる。また，勘合貿易の授業で，「勘合」を，史料集に書いてあるサイズを参考に実際に紙でつくってみる。そして，それを黒板に張って説明すると，「勘合」がどのようなものかイメージできる。
　では，実際の授業で私が行っていることを紹介する。
　昔からよく言われていることを3点挙げる。
　① テキスト（教科書・資料）の見開きページ，または，1時間に進む範囲を徹底的に読み込み，生徒への「発問・質問」を30個程度考えてみる。
　② 授業を想像して，この発問に，生徒Aは，反応するか。生徒Bは，どう返答してくるか。あれこれ，授業の展開をイメージしてみる。
　③ その授業で一番考えてほしいこと，一番伝えたいこと，一番理解してほしいことを明確にしておく。論点を絞って拡散させずに，いかにじっくり

と「深み」「深まり」のある授業ができるか。
　①，②，③について，以下に具体的に示してみたい。
　題材にするのは，『日本史A』（山川出版社，2016年，p.58-p.60）で，「松方財政」についての授業を考える。
　まず，①の「発問・質問」について。
　1．不換紙幣とは。2．西南戦争はどんな戦争か。3．市中の「通貨量」は増えるとどうなるか。4．貿易で使っていた貨幣は何か。5．なぜ，貿易では「銀貨」が用いられていたのか。6．インフレーションとは。7．当時の政府の歳入の中心は何税か。8．輸入超過するとどんな問題が起こるか。9．輸入より輸出が多い方がその国はもうかるのはなぜ。10．歳入を増やすために政府がとった政策は。11．官営工場を民間に払い下げるのはなぜか。12．農商務省とは何を行う役所か。13．殖産興業制政策とは何か。14．官業中心の政策からどのような政策に転換したか。15．政策を転換するとなぜ政府の財政負担が軽減されるのか。16．明治十四年の政変で大隈重信が失脚した理由は。17．松方正義が1882年に増税する必要になった理由の1つとして外国であった出来事とは何か。18．兌換制度とは。19．日本銀行はどこにあるか。20．日本銀行は上空から見るとどのような形をしているか（写真を見せる）。21．日本銀行を設計した人物は誰か。22．日本銀行を設計した人物が他に設計した建物には何があるか。23．「紙幣整理の動向」のグラフを見て，1878年から1881年にかけて銀貨1円に対する紙幣の年平均相場が値上がりしたの（銀貨の価値が上がったの）はなぜか。24．日本銀行は何年に設立したか。25．国立銀行（1872年国立銀行条例）にはどのような特権があったか。26．改正された国立銀行条例（1883年）で何が変わったか。27．最初の日本銀行兌換銀券には4つの種類があったがその4つとは。28．「百圓の兌換券」の描かれているのは何か（大黒天）。29．百圓の文字の下の文章は何と書かれているか（「此券引換ニ銀貨百圓相渡可申候。明治十七年五月廿六太政官布告第十八號兌換銀行券條例ヲ遵奉シテ発行スルモノ也」）。30．百圓の下に書かれているイタリック体の英文には何と書かれているか（NIPPON GINKO Promises to Pay the Bearer on Demand 100Yen in Silver）。31．政府紙幣の銀兌換が開始されたのは何年か。
　31個を挙げてみた。しかし，これをすべて「発問」するわけではなく，その授業で必要と思われるものを「発問」する。「授業は生きている」ので，生徒の反応や理解の具合，興味・関心の様子をうかがいながら，この質問は今だ，あの質

問はもう少し後で、と臨機応変に考えながら発問していく。このように、テキストを見てたくさんの「問い」をつくることができるか、練習してみると良い。

次に、②の「授業の展開のイメージ」について。

歴史好きの生徒Aは、「○○」の箇所で自分の知っている知識を言ってくるだろうとか。用語の意味の徹底的な理解を求める生徒Bは、「不換紙幣」と「兌換紙幣」はどうして必要だったのか、といった疑問を持つだろう。それに対してどのように答えるか。まずは、クラスの他の生徒に説明してもらうか、などといろいろイメージしてみる。どこで、生徒がつまずきそうか、どこで、生徒が疑問を持つだろうかを想像してみる。

最後に、③の「一番理解してほしいこと、考えて欲しいこと」と、授業の「深み」「深まり」をどうするかについて。

例えば、今回紹介した「松方財政」の授業では、まず、政府の動きを理解させたい。そのうえで、一般民衆、特に「農民」がどのような影響を受けたかを考えさせたい。

松方正義は、1881（明治14）年から1892（明治25）年までと1896～97（明治29～30）年と長期にわたり（1891～92〈明治24～25〉年と1896～97〈明治29～30〉年の2度の組閣では首相と蔵相兼務）大蔵卿・大蔵大臣を務めた。この間に1882（明治15）年10月日本銀行設立、1883（明治16）年5月国立銀行条例の改正、1885（明治18）年の日本銀行による銀兌換銀行券の発行（銀本位制の確立）、そして、1897（明治30）年3月には貨幣法（金本位制の確立）の制定と、日本近代の金融政策の中心をなしてきた人物である。

西南戦争（1877年）でかかった巨額の軍費（約4100万円）を賄うために、政府は不換紙幣を大量に発行した。その結果、貨幣価値が下がりインフレーションが発生した。銀貨と紙幣の格差、物価の上昇を解消することが松方の使命となった。緊縮財政と紙幣整理に加え、軍備拡張のための「増税」により、市中の紙幣の供給量は減少して、物価が大きく下落した。そして「デフレーション」が発生する。ここで、打撃を受けたのが「農民」であった。農村では米価や生糸の価格が下がり不況で物が売れなくなり、定額の「地租」の支払いが困難となり、土地を手放すこととなり、多数の自作農が没落して小作農となった。

このように松方デフレ政策の影響を、農民も受けたことを理解させたい。その際に没落がわかるデータ（表）も教科書・資料集で確認しておくことが大切である。

そして，製糸・養蚕地帯では負債を抱えた農民たちが直接行動をとるようになったことへ言及する。埼玉県の秩父では農民らが負債の減免を求めて高利貸・警察・郡役所などを襲い，政府は軍隊を派遣する事態となった。

授業の構成の一事例を説明した。教師の観点・関心によって授業の展開は変わってくる。工夫に工夫を重ねて，まずは，どんどん試してほしい。

[3] 授業の核心

1時間の授業には必ず「ここは押さえてほしい」「ここを理解してほしい」「ここを深く考えてほしい」という事柄がある。それを「明確」にしておくことがとても大切である。いわば授業の「山」となる部分である。この山を明確にしておくと，1時間1時間の授業に「しまり」が出てくる。この山を何にするかが教師の腕の見せ所である。これは，教材研究をしているときに，見つかる。あえて，「見つかる」と言いたい。「見つける」のではない。教材研究をしていて，いろいろな論点・疑問点がわかってくる。それを，理解しようとして考えていると，授業の「山」にすべきことが「見つかる」のである。

こうした「山」，生徒と共に授業で考えたいことは，研究書を読んでいて「見つかる」ことが多い。研究者は，その論文を執筆にするにあたり，相当の研究書・史料を読み込み，課題を設定し，自身の論を進めていく。そして，さらに問題点・課題が見つかっていく。研究書の「はじめに」「はしがき」や「おわりに」「あとがき」を読んでいくと，そこには，今後の課題が書いてあることが多い。その課題について考えていくと，授業で「深めること」のできる論点が浮かび上がってくる。

例えば，石井寛治『資本主義日本の歴史構造』(東京大学出版会，2015年)の「あとがき」には，以下のような記述がある。

> …二〇一二年に刊行した前著『帝国主義日本の対外戦略』によって，日本帝国主義の分析をある程度深めることができたとすれば，付論「個別的価値から普遍的価値へ」によって，近代天皇制の世界史的視野からの理解を若干深めることができたと思うが，社会ダーウィニズムとの具体的関係など今後詰めなければならない新たな問題領域が出てきたといえよう。また，本書において提起した満州事変と陸軍軍縮の関係についても，具体的関連の史料的裏付けは今後の課題である。

このように述べているが，石井氏という歴史の大家が長い時間をかけて実証

研究してきて，気づかれた貴重な「課題」である。だからこそ，含みのあるこの課題のほんの一部にしかならないかもしれないが，考えて，授業に導入させたい。

［4］考えさせる授業

　私は，2003(平成15)年から，「考える社会」というのをテーマにするようになった。授業の中で，何か最低1つでも考えさせたいと思った。

　考えさせるからには，最終的に「深い考え」に至ってほしいと思った。そこで，考えてほしい課題では，以下のようなプリントを作成して，①→②→③と書いていく，「深い考え」「深い学び」になるように構成した。今までに実践した内容を3つ紹介したい。実際のプリントはＡ4判またはＢ5判サイズで，冒頭に年月日，クラス，番号，氏名の欄を設定してある。

資料　「考える社会」
　3段階で考えさせる
Ａ　東日本大震災を考える1（2011年9月実施）

①現在の「福島（フクシマ）」の人たちのことをどう考えるか。

②震災が起きて半年になるが，あなたの中で変化はあったか。

③2011年9月の現時点で，今後の「原発」についてあなたの考えは。

B　東日本大震災を考える3（2011年12月実施）

①毎日小学生新聞，北村龍行氏の文章を読んで，どう考えたか。

②毎日小学生新聞，「ゆうだい君」の文章を読んで，どう考えたか。

③2011年12月の現時点で，今後の「原発」についてあなたの考えは。

C　日本・朝鮮半島・中国を考える（2014年12月実施）

①日本が，朝鮮半島・台湾を植民地にしたことを知ったのは，それぞれいつですか。

②日本の植民地支配の歴史を学んで考えたこと・感じたことを自由に書いてください。

③今後の，日本・朝鮮半島の国々・中国との関係はどのようにあるべきと考えますか。

　前述のAとBのことについて補足したい。プリントに記入した後，原発の存続について「賛成」「反対」「その他」の意見を聞き，クラスで議論したことがある。

賛否はほぼ半数にわれた。エネルギーの原料価格の高騰からくる影響をどうとらえるか。放射能の危険・廃棄物の処理の問題をどうするか。意見は分かれる。先日(2016年2月)，福井県の研究会に参加した。その日は，美浜原発の再稼働の翌日であった。稼働することを待っていた人も大勢いる。地元では，原発関連の仕事で生活をしている人が多くいることを肌で感じた。生活の基盤となっている地域と，それ以外の地域の人々の考え方には隔たりがある。しかし，廃炉にするにしても40年はかかると言われる原発。安全に「廃炉」にするための技術者の育成が必要なわけであり，大学などの研究機関に若手技術者が進むことも視野に入れる必要がある。

3 テストと評価

　生徒たちの理解を把握するために，テストが必要となる。3学期制の学校では年間5回，2学期制の学校では年間4回の定期考査が実施される。もちろん，単元ごとに，小テストを行うこともあるだろう。

　「問答法」というテストをしていた教師もいる。生徒と1対1で，質問して答えさせる方法である。時間にゆとりがあれば，行ってみる価値がある。

　考査問題を作成するうえでの留意点はなんだろうか。3点あると私は考える。学習した内容の理解の確認，学習内容を応用した形式で，高校入試・大学入試にも対応できる内容，考査問題を読むことで，授業で扱えなかった事柄や，発展的な内容にもふれること，の3点である。

　問題の形式は以下のようなものである。

① 穴埋め問題(適する語句を記入する・選択肢から選ぶ)
② センター試験的問題(5つの文章から正しいものを選ぶ。間違っているものを1つ選ぶ，正誤問題など)
③ 内容の説明問題(…について説明せよ。…について以下の語句を用いて説明せよ)
④ 史・資料を読みとる問題(資料とくに，グラフ・表のデータを読む問題では，「数字」「暦年」を踏まえてその変化・変遷を答えさせる)
⑤ 論述問題(考査の範囲に該当する内容の論述)
⑥ 意見・考えを聞く問題(今回の学習した範囲で考えたことを自由に述べよ)

こうした問題を出題する。そして，採点である。採点のときも，教師は意外と勉強になっている。生徒からの「質問」が書かれている場合がある。「質問」にすぐに答えられれば良いが，「質問」の内容について，今まで考えたこともないことがある。そんなときは，こちらも真剣に調べなければならない。
　その質問の内容については，答案返却のときに，クラス全体へ伝えると良い。
　生徒が質問してくれたお陰で，こちらも「1つの知識」を学ぶことになる。
　定期考査は，作成も大変だが，採点の際に，一人ひとりの生徒の顔を思い浮かべて，心の中で対話する貴重な時間だとも言える。考査がどのくらい理解できたか，どの問題が容易で，どの問題が難しかったのか。考査結果を分析することで，次からの授業方法の改善に役立つ。
　前述したように，考査を行うことは，教師こそが，生徒から学ぶこともある，貴重な機会なのである。

第3章

教材の見つけ方・選び方・活用法
〈教材論〉

1 教材とは何か

　教材とは何か。授業を行う際に，授業の内容を生徒に提示し，生徒の理解を深めていくために必要なすべてのものが「教材」である。授業において，「教材」は命である。では，具体的にどのようなものがあるか，その活用法を見ていこう。

[1] 教科書

　現在(2016年)日本史Aの教科書は7点，日本史Bの教科書は8点で合計15点の日本史教科書が発行されている。できれば手元に5冊くらいは揃えたい。各社の編集方針が，教科書のそれぞれの「まえがき」や「はじめに」を読むと理解できる。また，教科書の終わりの文章にも，それぞれの出版社の個性が出ている。

　学習指導要領(2009年告示)の日本史Aの内容の取扱いには，導入の位置づけとして「近代，現代などの時代区分の持つ意味，近現代の歴史の考察に有効な諸資料についても扱うこと」と書かれている。授業を準備する際に，学習指導要領を手元に置き，読み込んでおくとよい。以下に，私が行ってきたことを提示してみたい。

〈問題設定・課題〉

　学習指導要領の内容の取扱いの指摘を受け，例えば，山川出版社『日本史A』では，冒頭の「私たちの時代と歴史　日本の近代・現代を振り返る」の項目で，「公園の歴史から近代・現代をみる」というタイトルで，東京の日比谷公園を題材にして「公園の開設」，「公園で歴史的に何が行われてきたか」を学び，「公園内にできた図書館の設立の建議の史料」を読み込むことで，歴史を学ぶ意義を考えていく。

　教科書の冒頭・巻末などに掲載されているテーマを学習することで「過去」の出来事を通じて，現在に至った「過程」を考える習慣を生徒につけさせたい。

〈史料・資料〉

　歴史は「史料」の読解が必要である。重要史料は，教科書に掲載されているので，是非「音読」したい。はじめは，英語の授業と同じように，教師が音読して，生徒が続いて読む方法が良い。読みに慣れてくれば，生徒にまかせて読ませたい。「…候」や，「…セラルヘキコト」など，その時代特有の言い回しも生徒に感じてもらいたい。結構生徒は，喜ぶものである。

〈写真・グラフ・表〉

　写真は，「じっくりと」見せる時間を持たせると良い。向山洋一氏の方法のように，気づいたことをノート・プリントに10個書かせて発表させると，生徒は，細部に目を向けていたことに気づく。教師が気づかなかったことを教えてくれることもあり，教師が勉強になる。そして，教師が授業の準備をしてきたことの要点を生徒に説明する。

　次に，グラフ・表であるが，まず，数量の変化に気づかせる。そして，その変化の原因を考えさせる。それを，クラスで共有する。「なぜ」そうなったのか，「なぜ」という感覚を養いたい。

[2] 資料集・図録

　資料集・図録は，ビジュアル(視覚)の情報を，学習者が取り入れるのに適している。

　いくつかの出版社が作成しているものを用意したい。

　巻頭には，最新の「歴史学の成果」が掲載されている。各社が工夫を凝らしているのがわかる。また，「四木・三草」「五穀」などの商品作物も掲載されている。日本史の学習で欠かせないもの，人々が生活に用いているものが写真でわかる。

　縄文土器の系譜を理解するにも，図録は欠かせない。また，文化史でさまざまな「寺院建築」「神社建築」の様式，「仏像」の形態を学ぶ際にも役に立つ。

　「絵巻物」「絵画」資料をじっくりと鑑賞することもできる。もちろん，解説をしっかりとして，実際に「実物」を鑑賞することも勧めたい。博物館の企画展があるときは，その情報も授業で伝えたい。夏休み・冬休みなどにレポートの課題にすることもできる。

　地図も，活用したい。事件・出来事の内容を深く理解するためにも，地図でその「場所」を知ることは大切である。

2　教材の見つけ方

　佐藤学氏は，「教材(テキスト)」との出会いを大切にすることを強調する。稲垣忠彦氏も，授業の面白さを追究するために，「教材を選ぶ楽しさ」「教材を作り出していく楽しさ」を強調する。教師が良き教材と出会い，その教材を活用して，授業に生かしてこそ，教室には「学び」が生まれる。

[1] 新聞・雑誌・書籍

　新聞は，教材の宝庫である。日々の情報収集には欠かせない。世界・日本で起きた大きな出来事については，すぐに触れていきたい。その出来事の詳細や解釈はわからないかもしれないが，まず，現時点で起きたことは，事実として教室で伝えたい。

　新聞記事は，私の場合，切り取って時系列に透明シートに分類して保管する。または，項目別のノートに張り付けておく。このとき，「新聞名」「日付」は必ず書いておくこと。そして，該当授業の単元のときに活用していく。例えば，原発の是非を問うなどの異なる意見がある場合には，賛成・反対の双方の意見の記事をストックしておき，授業では双方の意見を紹介しながら，生徒に考えさせたい。

　後述するが，三大新聞（朝日・読売・毎日）で，同じ事件・事項に関して異なる見解をしている場合も多々ある。そうした内容の記事は保管しておきたい。

　雑誌では，『世界』（岩波書店），『中央公論』（中央公論新社），『文藝春秋』（文藝春秋）などを，購読，あるいは図書館で定期的に読む習慣をつけておく。論客の意見をそこから学ぶことができる。また，論文をコピーして授業で活用したり，生徒にレポートを書かせる際の，テキストとすることもできる。

　書籍は，ここでは，日本史を中心に述べていきたい。

　できれば，各出版社のシリーズは手元に揃えておきたい。ただ，スペースがない場合は，それぞれのシリーズが，勤務先の図書室や近隣のどこの図書館にあるか把握しておくといい。

　　中央公論新社『日本の歴史』（全26巻），『日本の古代』（全15巻，別巻1），『日本の中世』（全12巻），『日本の近世』（全18巻）『日本の近代』（全16巻）

　　集英社『日本の歴史』（全21巻，別巻1）

　　小学館『大系日本の歴史』（全15巻），『全集日本の歴史』（全16巻，別巻1）

　　岩波書店『岩波講座日本通史』（全21巻，別巻4），『岩波講座日本歴史』（全22巻），『日本古代史』（全6巻），『日本中世史』（全4巻），『日本近世史』（全5巻），『日本近現代史』（全10巻）

　　講談社『日本の歴史』（全26巻）

　また，最新の書籍として，山川出版社の『大学の日本史』（全4巻）は，本格的に歴史を学びたい人向けのテキストであり，最新の歴史学の成果も反映されている。東洋経済新報社の『いっきに学び直す日本史』（全2巻）なども読みごたえ

がある。

　その他に，山川出版社の「日本史リブレット」「日本史リブレット　人」，吉川弘文館の「歴史文化ライブラリー」「読みなおす日本史」などのシリーズがある。

　学会に入っていると，講演会・セミナーの情報や，最新の歴史学の論文を読むことができる。

　歴史学系では「史学会」「日本史研究会」「歴史学研究会」「歴史科学協議会」「土地制度史研究会」「市場史研究会」「交通史研究会」「首都圏形成史研究会」「日本歴史学会」や，各大学の史学会などの学術雑誌。教育学系では『社会科研究』（全国社会科教育学会，事務局広島大学），『社会科教育論集』（日本社会科教育学会，事務局筑波大学），『社会科教育』（明治図書），『歴史地理教育』（歴史教育者協議会）など。地方史では各地に「○○地方史」「郷土○○」などの研究会がある。

　また，山川出版社の『歴史と地理』（「日本史の研究」「世界史の研究」「地理の研究」），吉川弘文館の『本郷』などは，最新の情報が満載である。岩波書店の『図書』など，各出版社の広報誌にも目を通したい。

　書店や図書館に「定期的」に足を運び，書籍を求めてほしい。

[2] 実物・レプリカ

　授業で使える「実物・レプリカ」教材としては，以下のようなものがある。

〈原始〉

　打製石器・磨製石器・黒曜石・サヌカイト・土偶・貝塚の貝・縄文土器・金印・埴輪・辛亥銘鉄剣・三角縁神獣鏡

〈古代〉

　中宮寺天寿国繡帳・広隆寺半跏思惟像・和同開珎・木簡・国府の印・四天王像・百万塔陀羅尼経・曼荼羅・風信帖・伴大納言絵巻・御堂関白記・平等院鳳凰堂（10円玉）・信貴山縁起絵巻・紀伊国桛田荘絵図

〈中世〉

　後三年合戦絵巻・粉河寺縁起絵巻・平家納経・一遍上人絵伝・後醍醐天皇像・月次風俗図屏風・柳生の徳政碑文・雪舟四季山水図巻

〈近世〉

　踏絵・風神雷神図屏風・寛永通宝・大日本沿海輿地全図・東海道五十三次・富嶽三十六景・浮世絵

〈近代〉

地券・1円切手（前島密）・小学校の教科書・錦絵・新聞・戦時中の手紙・教育勅語・中央公論・改造・文学界・文藝春秋・満州地図・台湾地図・写真
〈現代〉
　新聞・写真
　日本各地を旅行した際には，写真を撮り，それをプリントアウトしたものを拡大コピーして少し厚手の紙に貼っておく。あるいは，最近では，パソコンのパワーポイントに入れてスライドショーで見せることも可能である。

[3] 映像
　NHKでは「NHKスペシャル」「映像の世紀」「選択の日本史」や，毎年あるいは複数年かけて放送される番組（「アジアの世紀」「実録　沖縄戦」など）は見ごたえがある。民放の特別番組・ドラマなども録画しておくと良い。個人的に撮影したものも興味深い。そのとき，撮影者もちょっと顔をのぞかせると生徒は喜ぶ。私は「流鏑馬の映像」などを実際に撮影して，授業で活用した。

3　教材をつくる

　教師・生徒で，自作の教材をつくると，さらに歴史に興味がわく。ここでは，私が行ったことをいくつか紹介したい。

[1] 縄文土器（文様のつけ方を学ぶ）
　実際に土器を粘土から形づくり，素焼きした経験を持つ生徒は案外いる。小学生のときに，地域の教育委員会主催の「土器づくり」教室などに参加しているのである。
　教室で行うときは，粘土と粘土板，棒，紐，木片（へら）を用意する。粘土で少し小さめの土器の形をつくったあと，棒に紐を巻いて，それを土器にあてて転がしてみる。また，木片（へら）を用いて，土器に模様をつける。
　このとき，①図版などを見て，真似て作る方法と，②生徒に自由な発想でつくらせる方法がある。土器を実際に自分の手でつくり，当時の人々の生活を肌で感じることが少しでもできれば嬉しい。

[2] 戸籍・計帳（当時の家族構成・税負担を学ぶ）

　奈良時代の政府が作成させた「戸籍・計帳」。これを，当時の「役人」になりきって作成してみる。

　用意するものは，①教科書・資料集に載っている戸籍の写真，②紙（半紙または，B4判程度の紙），③筆ペン，④芋版の印章（少し大きめの消しゴムでも可）。

　これも，教科書・資料集の戸籍の史料をそのまま，本物に近いように作成する方法，つまり戸籍の中の家族もそのまま書くやり方や架空の家族を想定して戸籍を作成してみる方法もある。

　作成するときに，「壱・弐・参・肆・伍・陸・漆（柒）・捌・玖・拾・廿」という漢数字の表記も覚えるだろう。また合わせて，それぞれの家の「税」負担がどのようなものであったかを考えさせる。

　また，もう1枚大きめの紙（A3判または模造紙）を用意して，戸籍に掲載された人々を「系図」にするといい。房戸の中の構成員が良く分かる。

　作成したあと，戸籍・計帳を用いて税負担の問題（入試問題）を解いてみる。

[3] 勘合（日明貿易のシステムを学ぶ）

　図録などから（『戊子入明記』より推定），実際に「勘合」を作成してみる。推定される「勘合」の大きさは，縦36cm横82cmである。この「勘合」を日本から持参して，寧波・北京におかれていた「底簿」と照合したと推定されている。「勘合」と「底簿」を作成して，生徒に実際に照合の手続きを再現してもらう。大きめの紙と糊を用意して，推定された大きさに切って作成する。「本字壹號」「日字壹號」などの文字は，筆ペンで記入させるとよい。

　その他，書道が得意な生徒に，「風信帖」（空海・唐様）・「離洛帖」（藤原佐理・和様）・「鷹巣帖」（尊円入道親王・青蓮院流）などを書いてもらい，教材として活用したい。

　また，伯耆国東郷荘「下地中分」の絵図なども，大きめの紙（模造紙など）を用意して，グループで書かせる試みもできる。

第4章

歴史教育の実践者に学ぶ
〈歴史教育論〉

この章では，歴史教育の実践者を通して，「歴史教育」のエッセンスを考えてみたい。黒羽清隆氏，有田和正氏，加藤公明氏の３氏の実践を振り返りながら，それぞれの歴史教育に対する熱意を学んでいきたい。また，３氏が生徒たちをどのように育てていこうと考えていたのかについても見ていきたい。

1 黒羽清隆氏に学ぶ

　黒羽清隆（1934-1987）
東京都に生まれる。東京教育大学文学部史学科卒業（1956.3），新宿区立東戸山中学校教諭（1956.4-）・四谷第一中学校教諭（1961.4-）・東京都立大学附属高等学校教諭（1964.4-）・東京学芸大学附属高等学校教諭（1974.4-）・静岡大学教育学部助教授（1979.4-）・同教授（1981.5-）
主要著書
1972年『日本史教育の理論と方法』地歴社
1977年『日本史の群像』三省堂
1977-79年『日中15年戦争』上・中・下，教育社
1980年『人物史でまなぶ日本の歴史』地歴社
1981年『文化史でまなぶ日本の歴史』地歴社
1982年『歴史教育と教科書問題』地歴社
1985年『歴史教育ことはじめ』地歴社
1985年『太平洋戦争の歴史』上・下，講談社現代新書（のち講談社学術文庫，
　　2004年）
1986年『生活史でまなぶ日本の歴史』地歴社
2002年『黒羽清隆日本史料購読　日米開戦・破局への道　『木戸幸一日記』
　　（1940年秋）を読む』（池ヶ谷真仁編）明石書店
2005年『歴史を楽しむこと，歴史に参加すること　黒羽清隆日本史入門講座』
　　（池ヶ谷真仁編）明石書店
2010年『黒羽清隆歴史教育論集　子どもとともに歴史を学び歴史をつくる』
　　（加藤正彦・八耳文之編）竹林館

私が，黒羽清隆氏のことを知ったのは，2001(平成13)年に職場で草川剛人先生から，「是非読んでみて下さい」と教えていただいてからである。
　黒羽氏の著作からは，本当に多くのことを学んでいる。授業に関して，チョークの使い方，黒板の字の大きさといった技術的なこと。また，子どもは「謎」が大好きであり，その謎を教室で追いかけることの大切さ。「謎」を追いかけていき，「謎」を解決すると，さらに新しい「謎」が生まれていくような教室。とても，魅力的な授業を展開されていたのである。
　『黒羽清隆歴史教育論集』(以下『論集』)は，2010(平成22)年に，黒羽清隆氏に指導を受けた加藤正彦氏・八耳文之氏が，「若く新しいひとびと」(教師たち)の感性を揺さぶる内容の黒羽氏の文章を集めて，世に問うた本である。
　加藤氏は，黒羽氏について以下のように述べる。
　　黒羽先生自身は「感性の人」であった。……類まれなる筆力で多くの書物を著されたが，そのどれにも一貫しているのはしっかり構成された歴史の骨組みを芯に据えながらも，多くの文学作品や社会的文化的事象をその史料として取り込み，やわらかに読む者の感性に訴える文体で綴られていることである。
　くわえて，黒羽氏の「ある深夜の感想　小さなメッセージ」を引用する。そこには，「…人民とはひっそりと死んでゆくものの代名詞である。それが分からない人びとの語るどんな革命性も私は信じない。イネという草を育て，イネという草が枯れたときにはオロオロあるき，泣き，最後の一粒をくって，そして死んでゆく人たち。歴史学とは，そういう人たちに奉仕することを最低の義務とする学的体系である」とある。
　その「時代」を生きた，一人ひとりの人民(人間)の人生に共感し，尊敬のまなざしをもって，歴史をたどっていくことが大切なのである。
　歴史家の鹿野政直氏は，黒羽氏を，「研究」と「教育」と「運動」の三位一体性において稀有の具現者であると評している。以下，鹿野氏の「黒羽清隆「民衆」史と「庶民」史を架橋する」(『論集』に所収)を参考にして述べていく。
　黒羽氏は，骨の髄まで社会科教師たろうと努めた。機軸をなすのは「生徒との関係」であり，生徒を教育対象としてよりは，むしろいっそう深くとらえるゆえに「学習主体」と措定した。教師はかつての「問題解決学習」的な「社会科」教育の困難さから解放されて，巧妙あるいは拙劣な「年代記語り」になり，「社会科歴史」は暗記科目への転落を歩んでいると述べた。社会科の回生の度合いは，

教室でのもう一方の主役である生徒の心をどれだけ摑み得たかできる。黒羽氏にとって、日本史教育の最も源泉的な根拠は、「日本史学の科学的な摂取」と共に、「生きている生徒そのものの現実」におかれていた。

次に、黒羽氏の授業に対する眼について、黒羽氏の「社会科への招待」(『歴史教育ことはじめ』)から見ていく。

社会科教師に必要なこととして、①社会的にものをみる眼、②多角的にものをみる眼を挙げている。まず、「社会的にものをみる眼」とは、社会的事象の「意」をとらえるのはやさしいが、社会的事象の「姿」をとらえるのはむずかしい。社会科という教科を生かすには、社会的事象の「姿」の把握の如何にかかっている。その「姿」を教室で生かさない限り、授業にならないという。では、その「姿」はどのようにして得られるかというと、答えは1つでないが、その1つは「ジャーナリスティックな眼」である。現地を見ることであり、レポートやルポルタージュを読むことであり、ニュースフィルムやドキュメンタリーを見ることとする。実際に現地にいって、その場所の空気、風景、現地の人に話を聞くといろいろなことがわかる。そうして、得た知識・感覚を教室で生かすのである。

また、「多角的にものをみる眼」を養うには、「短絡」しないで、できるだけ「迂路」をとるようにした方が良いと述べる。境界領域・周辺領域を特に重視すること。「迂路」を通り、遠回りして、路に迷うようなことがあれば、その経験が真の教科的教養につながる。多角的に、どんな意外性にも耐えて、ものを見るという「複眼的思考」を行うこと。

前述の鹿野氏は、黒羽氏の32年間(1956-1987)の歴史教育者としての「人生」を4つの時期に分けて解説している。第1は、1970年代前半で歴史教育の実践者、その報告者としての姿で、『日本史教育の理論と方法』をこの時期の主要著書としている。教師と研究者の二足のわらじを履くことを自らに課した。第2は、1970年代後半で15年戦争史、軍事史の専門家として立った時期である。『日中15年戦争』(上・中・下)を主要著書とした。第3は、1980年代前半で、歴史教育の助言者としての役割を遂行していく。『人物史でまなぶ日本の歴史』以下、文化史・生活史の3部作が主要著書である。第4も1980年代であり、第1から第3の時期を貫いて、それらの主題と寄り添うように開陳された歴史運動、「教科書問題」への関心であった。『歴史教育と教科書問題』がその主要著書である。

黒羽氏の歴史教育の底流にあったのは，前述したが，その「時代」を生きた，一人ひとりの人民（人間）の人生に共感し，尊敬のまなざしを持って，歴史をたどっていくことに尽きる。鹿野氏も，黒羽氏が教えた生徒のひとりの「感想」にある「〈歴〉として存在しながら〈史〉となり得なかった人々の生を求め，かれらの生を確認することがかれら―日本民衆―への敬意と愛のかたちであると思う」という輝きある言葉を挙げている。そして，この言葉を現代のわたくしたち一人ひとりの心に刻んでいくと，逆風のかなたに未来を望むことができると述べている。

2　有田和正氏に学ぶ

　有田和正（1935-2014）
福岡県に生まれる。玉川大学文学部教育学科卒業（1958.3），福岡県公立小学校教諭・福岡教育大学附属小倉小学校教諭（1967.4-）・筑波大学附属小学校教諭（1976.4-）・愛知教育大学教授（1992.4-）・教材・授業開発研究所発足（1999-）・東北福祉大学教授（2006-）・同特任教授（2010-）
主要著書
1989年『名人への道　社会科教師』日本書籍
2014年『今こそ社会科の学力をつける授業を』さくら社

　有田氏の『名人への道　社会科教師』は名著である。有田氏の教師生活のスタートから，さまざまなエピソードに触れながら，有田氏が一流の教師となっていく様子をたどることができる。社会科教育に，深く追究していく志が随所に触れられている。子どもたちは，社会科を好きになることができる。
　新任時代に，徹底的に鍛えられていく。指導案を8度も書き直した末，「時間切れ」で仕方ないと言われて，研究授業に臨むこともあった。赴任地の福岡県の田川で「田川の学習」というテストづくりのメンバーとなり，このテストづくりでも鍛えられていく。と同時に，自動車の免許をとり，休日には九州中を巡る。「ゆとりが人間に幅を与える」「遊びが人間性を高める」という貴重な経験をしたのであった。
　その後，福岡県の公立小学校を9年間経験して，福岡教育大学附属小倉小学校へ赴任する。そこでも，「研究授業」に熱心に取り組んだ。このころより，有

田氏は「問題意識の深化」という研究に焦点をあて,さらに,「調べたい問題から納得できない問題」へと発展させていく。その課題の1つを挙げると,「ゴミの授業」であった。北九州市の清掃工場・清掃局へ取材にいき資料を集めた。家庭で「ゴミ」がどれくらい,どのようなものが出るかを徹底的に調べさせた。その際に「追究課題」を設定させている。この「追究課題」の設定が大切である。「追究課題」とは,子どもの自主的学習態度を育てるための根本となる。一人ひとりの個性的な問題を課題として持たせることである。そして,その問題を連続的に発展させること。つまり,問題を設定し,その問題が解決したならば,さらにそこで気づいた点,生まれた問題を発展させていく。そうすることで,学びの「深まり」が進んでいく。この点を,有田氏は,「問題が成立したということは,学習のある固定した点をさすものではなく,問題の質的・量的発展に応じて,成立の幅と深さが異なっているのであって,成立と発展(深化)とはむしろ同時におこるもの」であると表現している。

「ゴミの授業」での追究課題をいくつか紹介すると,①教室のゴミの分析研究,②学校のゴミはどのように処理されているか,③ゴミを収集するのはどこの人か,④清掃工場の見学,⑤見学後の子どもの姿である。そして,個々がつかんだ問題をもとにして,「共通問題」を設定し,「学習のしかた」を話し合った。「ゴミ」という誰もが出すものであり,現代社会おいて,永遠に追究しなければならない問題であることが,「いい教材」であったと言える。

その後,東京へ転勤となる。1976(昭和51)年に筑波大学附属小学校へ赴任する。福岡教育大学附属小倉小学校では,同僚たちと共に研究し,「教えられ教えながら」の教師生活であった。しかし,筑波大学附属小学校では,「個人研究」が中心であり,自分1人で道を決め,1人で研究を進め,1人で道を切り開いていく。そこで,有田氏は,次第に自分1人で何でもやれる方向へ自分自身を改造していく。自分のやりたい研究ができるという利点もあった。また,有田氏自身も41歳となっており,中堅教諭としての地位を確立する時期でもあったといえる。

次に,私が,有田氏の著書を読みながら,有田氏が経験しながら感じ取った「本物の授業」についてと「授業づくりの工夫」の2つをまとめてみたい。まず,「本物の授業」について。第1に,「発問」の鋭さである。教材を徹底的に研究し,子どもの考えを予測する。そして,子どもの発言に対応して,さらに発問していく。これは,深い教材研究から生まれる。第2に,「教材」には,子どもを熱

中させるものがあること。子どもたちに興味・関心を持たせられる教材であることである。そして，第3に，ソクラテスの「無知の知」である。つまり，「わかるということは，わからないことがわかる」ということ。授業は「未知→既知」にすることだけではなく，「既知→未知」があることを子どもたちに気づかせることだと言える。この考えのバックボーンには，上田薫氏の『知られざる教育　抽象への抵抗』(黎明書房，1958年)の影響がある。そこには，上田氏の教育理論である「教育とは教えることではない」「教育とは子どもにわからせることでなく，わかっていると思うことをわからなくすることである」と書いてあった。既存の知識に，揺さぶりをかけるということ。「知っているつもり」になっていることを，深く追究していくと，何もわかっていないということがある。物事を真に理解することの難しさを，教師自身の経験からも，子どもたちに伝えることが大切であろう。

　教師にもわからないことがあることを認め，子どもたちに対しても謙虚であり，ときには，子どもたちから教えられることもある。この事実に忠実でありたい。

　また，授業を「深める」ためには，授業に「ネタ」があるといいという。有田氏の考えるネタの条件は，面白いこと，基礎的・基本的な内容がちょっぴりだがきちんと入っていること，学習方法がきちんと身につくこと，の3点である。

　有田氏は，「子どもにくい込む」授業をしたいと願い，あせらずに，ゆっくりと歩んでいった。毎日少しずつ，「工夫」した授業をしたいと心掛け，少しずつ努力を積み重ねていった。そして，いつも何かに「あこがれ」ている。謙虚に学ぶ姿勢を貫いて，いつまでも成長していった教師であった。

3　加藤公明氏に学ぶ

　加藤公明(1950-)
千葉県に生まれる。早稲田大学大学院文学研究科修士課程修了(1976.3)，千葉県立高等学校教諭(1976.4-)・東京学芸大学教育学部特任教授(2012-)・その他法政大学・山口大学・国士舘大学・茨城大学・千葉大学・武蔵大学・立教大学・横浜国立大学で講師を務める。
主要著書

1991年『わくわく論争！考える日本史授業　教室から〈暗記〉と〈正答〉が消えた』地歴社

1995年『考える日本史授業2　絵画でビデオで大論争！』地歴社

2000年『日本史討論授業の進め方』日本書籍

2007年『考える日本史授業3　平和と民主社会の担い手を育てる歴史教育』地歴社

2012年『新しい歴史教育のパラダイムを拓く　徹底分析！加藤公明「考える日本史」授業』(加藤公明・和田悠編)地歴社

2015年『考える日本史授業4　歴史を知り，歴史に学ぶ！今求められる《討論する歴史授業》』地歴社

　加藤氏の授業観について紹介したい。加藤氏の『考える日本史授業4』を参考にした。

　加藤氏は，教師になって7年目から，それまでの「講義式授業」をやめて，生徒が主体的に歴史を考え，相互批判の討論を通じて学び合う「考える日本史」の授業を始めるようになる。授業の中心に「生徒」の能動的な学習活動を位置づける。そして，自由に生徒が歴史を考え，発表し，討論する。生徒たちに授業の主役を明け渡し，教師は，生徒たちが自由にそれぞれの個性に応じて歴史認識を創造し，相互批判を通じて各自の認識を十分発展させられるような授業を実現する組織者になるべきであるという。

　加藤氏は，毎年，歴史教育者協議会の大会で授業実践を報告した。その代表的な報告は「貝塚(加曽利貝塚)の犬の謎を追え」である。その後も毎年のように，日本社会科教育学会や全国社会科教育学会などで，積極的に実践報告をして，全国の教師たちに意見を問うたのであった。

　さて，授業の構成は，問題提起の授業，討論の授業の2つを組み合わせて1つの単元(テーマ)としたものであり，これが，「考える日本史」の授業となった。

　また，加藤氏は，いかにしたら生徒が心から「解った」と思える授業を実現できるかを考えて試行錯誤した。たどり着いた結論は，生徒による評価の必要性と重要性であった。この認識は，宮原武夫氏の理論である。すなわち，歴史認識には，3層の構造，事実認識・関係認識・意味(価値)認識がある。その理論に対応して，加藤氏は歴史学習にも3つの段階があると考えた。まず，歴史を知る段階，いつどこで何が起きたかという，歴史的事実を知る。次に，歴史を

理解する段階，そのような事実がなぜ起きたのかを説明できること。最後に，歴史から学ぶ段階，現在に生きているわれわれが過去の出来事の集積である歴史を知ったり，説明できるようになったとして，それが何なのか。そこから，自分の生き方や社会変革の方向性を見出してこそ意味があると考えた。

そして，現在の歴史教育は，「歴史を知る段階」「歴史を理解する段階」までは十分学習させるが，「歴史から学ぶ段階」は，生徒個人の内面の問題として授業では取り上げないか，教師自身の所信を述べるだけで，生徒自身に考えさせ，表明させ，学び合いをさせることが少なかったのではないかという。

生徒の歴史意識を成長させていくためにも，加藤氏は「考える日本史授業」を実践し続けている。この授業観・授業実践は，第1に生徒に自らの興味・関心・問題意識にしたがってなによりも自分が納得できてみんなを説得できるような，個性的であると同時に客観的な歴史認識を追究させている。第2に，歴史を自ら考えることの面白さと大切さを体験し，どのようにしたら歴史を科学的に解明することができるのかの方法も身につけていく。こうして，ことあるごとに歴史を振り返り，そこから学ぼうとする姿勢，「歴史意識」を高めていくのである。その結果，自分の持っているあらゆる知識や技能を駆使し，積極的に多くの人と話し合い，協力・共闘して社会や世界を平和的民主的に発展させようとする活動的な主体に彼らを育てられると考える。

多くの歴史教育者の中から，私は3氏をここに挙げさせていただいた。現在も3氏の「思想」から多くを学んでいる最中である。共通して言えることは，第1に，いずれも生徒(子ども・学生)を「信頼」しているということではないだろうか。そして，生徒と共に学んでいくという姿勢もうかがえる。第2に，有田氏のことばで言うところの，「知っているつもりになっていることを，深く追究していくと，何もわかっていないということ」，物事を深く追究していくと「問い」がどんどんとできてくる。そのことに生徒と共に気づいていくこと，物事を真に理解することの難しさを，教師自身の経験からも，子どもたちに伝えることが大切である。第3に，「徹底的な教材研究」の重要性。それは，複眼的な視野を持ち，多角的にものを見る眼をもって臨むということである。現代の社会は，事実の面でも，価値の面でも，複雑化している。そしてグローバル化している。しかし，その反面ローカルな面も大切にしていかなければならない。例えば，日本国内でも，中央の視点と，地方の視点の両方から考える。世界で

は，世界の視点(地球規模)と，日本の視点の両方から見る。また，歴史観も含めて，西洋の視点と東洋の視点，それ以外の地域の視点から考える習慣。グローバルとローカルの両面を視野に入れて，一つひとつ「もの・こと・出来事」といった現象を見つめていくことが必要と考える。

第5章

学習指導案の作成

1 学習指導案とは 〜授業の設計図〜 臨機応変の対応

　学習指導案は，1時間1時間の授業の設計図である。全体図と細部を見渡すことで，1時間の授業の流れが理解できる。紙面に書き出すことで，授業者の目標・授業計画が一目瞭然となる。それは，教師自身が授業を行ううえで大切なものであり，公開授業や研究授業の見学者に対して，授業の意図を理解してもらううえでも大切なものである。

　ここでは，学習指導案の体裁と作成上の留意点について述べていきたい。まずは，学習指導案の内容の説明をしていく。型をしっかりと理解して，そのうえで，工夫していくことが大切である。次頁に，「学習指導案」の例を提示するので参考にしてほしい。ただし，教育実習では指導教員の提示した学習指導案の型にしてほしい。

　まず，タイトルと授業科目・学校名を明記する。授業者と指導教員の氏名を明記する。指導教員の氏名は間違えないように，事前にしっかりと確認しておくこと。また，学習指導案は印刷後に「印」を押すことになっているので，余裕を持った作成を目指したい。

　次に，授業日時，学級，授業の教室が普段の教室以外の特別教室ならばそれも明記する。生徒所見は，普段の生徒の様子を見て気づいた，そのクラスの特徴を書く。単元と授業計画は，大単元の名称（1年間の授業計画の中でどの位置にあたるか）とその大単元全体を通しての目標を記す。ここに，「関心・意欲・態度」「思考・判断」「技能・表現」「知識・理解」の4つを観点別に評価するために指標を加えることもある。学習計画では，大単元全体の指導内容と時間の配当を明記する。そして，「本授業時」がどこにあたるのかを提示する。本時の授業目標とねらいを的確に書く。生徒に何をどのように学ばせたいか。ここが，個々の教師の個性が見えるところである。

　そして，指導案の中心となる「授業の展開」である。「過程」「学習事項」「学習活動」「留意事項」「時間」の5つの項目の表である。まず，「過程」は，導入・展開1・展開2（展開3）・まとめ，となる。授業の流れがわかるようにする。ただし，社会科の授業の特性として，多様な意見を認めて，答えがひとつとは限らない問題も多々ある。そのため，まとめの項目が「オープンエンド」となることもある。

次に,「学習事項」は,具体的な学習内容を明記する。社会科の授業の場合,出来事や歴史用語などが入ることになる。「学習活動」は,教師の活動と学習者の活動を具体的に書く。何をどのようにするか。例えば,テキストの史料を読む,表からデータを読み取る,絵図に何が描かれているかを読み解く,資料の文章の解釈など。また,学習方法・学習形態(個人作業・グループ活動)を明記する。「留意事項」では,授業を進めるにあたり,教師の視点,学習者への配慮などを記入する。「時間」では,50分の中の配分を示す。

　最後に,「評価」を書く。学習者が目標を理解できたか,さらに深い課題の追究ができたかなどを明記していく。そして,この授業を計画・準備するために用いた参考文献を明記する。

　学習指導案通りに授業が展開するとは限らない。しかし,慌てることなく,臨機応変に対応したい。生徒の予想外の質問,議論の分散などが起きることは多々ある。そうした場合には,落ち着いて対応していく。展開を「戻したり」,別の言葉に置き換えたり,疑問点を生徒に確認したりしながら,慌てないで,丁寧に対応していくことが大切である。また,こうしたことが起こるから授業は面白いのである。こうした経験は,その後の授業づくりに役立つので,授業後の省察をしっかりしておくと良い。

2　学習指導案の具体例

```
――――――――― 学習指導案(例) ―――――――――
科目名　　社会・地歴　　　　日本史B
学校名　　○○県立○○○高等学校　　　　授業者　　○○　　○○印
　　　　　　　　　　　　　　　　　　　　指導教員　○○　　○○印
1　授業日時　2016(平成28)年2月29日(月)　第1時限　8:40-9:30
2　学級　　　3年○組　40名(男子20名・女子20名)　社会科教室にて
3　生徒所見　グループ活動では,比較的よく話し合いができる。活発に意
　　　　　　見を述べる生徒がいる一方で,おとなしいがじっくり考えて
　　　　　　発言する生徒が多い雰囲気である。社会が好きな男子が比較
　　　　　　的多く,まじめな生徒も多いと感じられるクラスである。
4　単元と授業計画
使用教科書　山川出版社　『詳説日本史B』
```

(1) 単元名　領土問題を考える　〜歴史的経緯から〜
　　生徒が協働で考える授業
(2) 学習目標
　　近年の領土問題を概観し，その本質を理解したうえで，どのように対応していけば良いかを幅広い観点から多様に考える。
(3) 学習計画
　① 領土問題とは何か
　② 領土問題の本質
　③ 『日本の領土問題』『検証　尖閣問題』のレポート意見交換
　④ 領土問題を歴史的に考える1
　⑤ 領土問題を歴史的に考える2（今後の日本とのあり方）…本時

5　本時の学習目標
　領土問題の本質をとらえ，中国との国交樹立以来どのような過程を経て，現在の状況になっているかを理解する。そのうえで，今後両国はどのようなあり方をするべきなのか，多角的に考察させたい。

6　教材について
　書籍を2冊すでに読んでおり，そこから得た知識を共有しながら，問題点を指摘して，今後の日本と中国との関係を「台湾」「沖縄」の視点からも考えていきたい。

7　授業の展開

過程	学習事項	学習活動	留意事項	時間
導入	現代に至る日本と中国の尖閣諸島における年表の確認	主要年の出来事を生徒に挙げさせる。	尖閣諸島で今何が起きているのか。	5分
展開1	日本を中国からの視点で眺めてみる	中国から「日本列島」を眺め，気がつくことを挙げさせる。	普段と異なる「地図」を眺めることによって，中国という相手国の立場から考える基礎を養ってみる。	15分
展開2	資料　台湾の漁民の生活の記事（2013年6月16日）	台湾の漁民と沖縄の漁民の出会いと話し合いは，どのようなものであったか。そこでの課題を挙げ，漁民たちはどのよう	「日本と中国」という国家レベルの議論と，「沖縄と台湾」という地域のレベルでの議論の双方の観点から，「協調」政策を考えて	25分

		に向き合っていくのかを意見交換する。	いくことも,「領土問題」の解決策になる可能性があること。生徒たちの意見を聴く。	
まとめ	「国境地域在住の生活圏が,住民の頭越しに駆け引きの対象として,切り売りされているという事態が起きている」という問題提起(新崎盛暉氏)	新崎氏の問題提起をどのように受け止め,解釈するか。ここに,「地域住民」「市民」としての行動がどのような意味があるか。考えさせたい。	生徒の中には,国境近くの「地域住民」の存在に気づいて議論しているものもいる。そこから,これまでの学習の意見・考えを聴き,もう1度,解決・和解に向けて考えさせる。	5分

8 評価
 (1) 近代における領土の形成とその問題点を理解できたか。
 (2) 今後の領土のあり方と隣国との関係についての考え方を形成できたか。
9 レポート課題
A 生徒は,夏休みの課題で以下の文献のレポート作成を行った。
 保阪正康・東郷和彦『日本の領土問題』角川書店,角川 One テーマ21 2012年
B 生徒は,冬休みの課題で以下の文献のレポート作成を行った。
 孫崎享編『検証 尖閣問題』岩波書店,2012年
10 教材研究参考文献
『防衛白書』2015年
松浦寿輝・大澤真幸「歴史と思想」『神奈川大学評論』74号,神奈川大学,2013年
「特集 領土問題と歴史認識 対話の道を探る」『世界』837号,岩波書店,2012年
「特集 尖閣・竹島・北方領土」『現代思想』40-17,青土社,2012年
芹田健太郎『日本の領土』中公文庫,2010年
孫崎享『日本の国境問題 尖閣・竹島・北方領土』ちくま新書,2011年
和田春樹『領土問題をどう解決するか』平凡社新書,2012年
豊下楢彦『「尖閣問題」とは何か』岩波現代文庫,2012年
岡田充『尖閣諸島問題 領土ナショナリズムの魔力』蒼蒼社,2012年

> 沖縄大学地域研究所編『尖閣諸島と沖縄 時代に翻弄される島の歴史と自然』
> 　芙蓉書房出版，2013年
> 春原剛『暗闘　尖閣国有化』新潮社，2013年
> 岩下明裕『北方領土・竹島・尖閣，これが解決策』朝日新書，2013年

3　学習指導案の生かし方

　東京学芸大学附属世田谷中学校教諭の鈴木雄治氏は，学習指導案について以下のように述べている(『中高社会科へのアプローチ』東京学芸大学出版会，2010年)。

> 　指導案は，あくまでも仮説としての一つのプランにすぎない。そしてその仮説は，子どもたちとの授業過程を通して検証される。指導案づくりは，事前の計画づくりで終わるのではない。子どもたちによる検証を経たある程度共有可能な指導案は，授業終了後にできあがるのである。学習指導案の作成とその検討は，教師の力量形成において重要なものである。

　研究授業や公開授業のために，教師は学習指導案を一生懸命に作成する。しかし，その授業や授業の検討会が終わったあと，たくさんのメモが記された学習指導案をもう一度見なおしているであろうか。終わったという安堵感のもと，学習指導案は封筒やファイルに入れて，その後一度も見ないこともある。
　それではいけないのである。鈴木氏の言うように，指導案は授業後にできあがる(完成する)のである。授業後，そして，授業検討会の後に，もう一度，いや何度も指導案を見て，さらに「工夫」の余地はなかったか，見学者からの貴重な「助言」を振り返り，次の授業に生かしていくこと。この繰り返しで，教師は力量を伸ばしていくのである。

第6章

教育実習の準備
〈授業と検討会〉

1 教育実習の準備　流れと留意点

　教師になるためには,「教育実習」が必要である。義務教育である中学校教諭の免許を取得するためには,３週間必要であり,高等学校教諭の免許を取得するためには２週間必要である。現在,中等教育学校・中高一貫校も多く存在する中,できれば中学と高校の双方の免許を取得した方が良い。中高一貫校に勤務するとき,免許が高校(後期課程)のみの場合,原則中学(前期課程)の授業を担当できない。そのためにも,大学で取得する科目も多くなるが,後々のことを考えると中学と高校の双方の免許は取得しておいたほうが良い。

［１］教育実習の依頼

　教育実習は,基本は母校で行う。在籍している大学に附属の学校がある場合や,教育学部の学生の場合,「母校」と「附属学校」の２校で実習を行うという場合もある。

　大学の教職の「ガイダンス」や「教員採用試験対策」や担当課の掲示は,常に注意しておきたい。

　では,具体的に実習校への依頼の方法を見ていきたい。ここでは,「母校」を事例にする。まず,所属する大学から文書で依頼を行う。概ね,実際に実習を行う１年前である。教育実習が許可になれば,すぐにお礼の「手紙」を書くことが大切である。「手紙」は,このあと実習後のお礼,近況報告など何度も書くことになる。

［２］母校でのガイダンス

　その後,指定された日に,「母校」を訪問する。この日は,実際の実習の１カ月前から２週間前くらいである(ただし,特段ガイダンスがなく,実習がはじまる学校もある)。たくさんの実習生を毎年受け入れている学校では,同じ期間に実習する学生をまとめて指導することになる。

　そして,その学校の概要説明,実習生としての心構え,担当指導教員の紹介がある。「母校」といえども,実習生にとっては卒業して約４年経っており,管理職や恩師が転勤している場合もある。恩師がいれば,運が良かったと思おう。また,恩師がいなかったとしても,それはそれで良かったと思い,新鮮な気持ちで実習に臨めば良い。

[3] 指導教員との打ち合わせ

　指導教員との打ち合わせは非常に大切である。2～3週間お世話になる先生である。その先生の指示をしっかりと受け止めよう。ただし，滅多にないと思うが，指導教員が度を超した要求をしてきたり，あまりにも権威的・威圧的態度で接してきた場合などは，遠慮なく他の先生に相談したほうが良い。せっかくの実習を成功させるためには，おかしなことは，それとして周囲の先生に相談することが賢明である。

　さて，実習期間の担当授業・クラス・時間割を確認する。担当授業の「範囲」をしっかりと確認する。そして，実際に実習に入る前に担当授業の「学習指導案」は作成しておこう。指導教員から，授業の中でこの点だけは注意しなさいと言われたことは良く聞いて，その点は忠実に守って指導案を作成する。

２　教育実習の本番

[1] 朝の流れ

　指定された勤務時間の30分前までには，学校へ行く。30分余裕を持っていれば，電車・自動車の事故があってもたいていは対応できる。

　また，学校についたら，「挨拶」をしっかりと行うこと。正門に守衛(警備)の方がいれば，初日には「名前を名乗って，教育実習期間も告げる」。そして毎日，行きと帰りに挨拶する。登下校中の生徒や校内でも教職員(教員と事務職員・用務員)にも元気よく挨拶する。

　「出勤簿」が用意されていると思うので，まず，押印をする。そして，「実習生の控室」に行き身支度を済ませたら，指導教員のところへ行き，挨拶と「今日1日の流れ」を確認する。「今日1日の流れ」を確認するのは，とても大切である。昨日までの予定と変化している場合も多々あるので，確認しておくことが必要となる。

　そして，ホームルーム担当になると，指定された教室に行き，朝の連絡事項を行う。これも，ホームルーム担当教員と連絡を密にして，指示に従って行う。

[2] 授業の見学(観察)

　初めは，指導教員の授業を見学することになる。「バインダー式のファイル」

(厚紙のものだと下敷きになる)を持参すると，メモが取りやすい。基本は，教室の後ろにいて，授業を見ることになる。ただ，指導教員がいいというならば，ときには，教室の前や左右に行き，そこから授業を観察すると，生徒たちの「学ぶ」姿もうかがえる。

指導教員の一挙手一投足をよく見よう。概して，実習生の授業は，当たり前かもしれないが，指導教員の授業スタイルに似る。授業スタイルは，実際に教師になってからじっくりと固めていけばいいので，実習期間中は，指導教員のスタイルの良いと感じるところは「真似る」ことが大切である。

導入・展開・まとめ，をどのようにしているか。「発問」をどうしているか。「生徒の解答」が正答のとき，誤答のとき，どのように対応しているか。生徒からの「質問」にどう答えているか。生徒に問題演習・課題を与えているときに，「机間指導(机間巡視)」「声掛け」をどうしているか。「グループ活動」「ペアワーク」にするタイミングと終えて戻すタイミングはどうしているか。

落ち着かない生徒・寝ている生徒・おしゃべりしている生徒への対応。遅刻してきた生徒・具合が悪くなった生徒への対応など，教室で起こることをよく見ておく。そして，そのとき指導教員がどのように対応するか。

気がついたことはメモしておく。そして，疑問点があったら，授業後に指導教員に質問する。

また，指導教員以外の先生の授業も，時間が許せるならば見学する。ただその場合，授業を見る前に，見学の許可を得ること。そして，授業見学が終わったら「お礼」を述べることを忘れない。さまざまな先生の授業を見ることで，それぞれの先生の持ち味，工夫，話し方，授業の進め方，生徒への対応などを学ぶことができる。

3 授業を行う

[1] 授業の実践

授業を行う前の準備として，「生徒の名前」を正確に言えるようにしておくことが挙げられる。難解な読み方の生徒も多々いる。「過足」(よぎあし)，「日月」(たちもり)，「東風谷」(こちや)など，普通は読めない。「鎌田」(かまた・かまだ)，「山崎」(やまさき・やまざき)，「河野」(かわの・こうの)，「高野」(たか

の・こうの)など，読み方に2通りある場合もある。指導教員に事前に聞いて確認しておこう。生徒は，正確に呼ばれると，たいがい嬉しいものであり，ニコニコしてくれる。

　号令がある場合は，しっかり「礼」をさせて授業を始め，「礼」をして授業を終える。休み時間との区切りの大切な行為である。

　導入は非常に大切である。今日の授業への「動機づけ」となることを示したい。視覚資料で注目させる方法はインパクトがある。社会科の授業であるので，大きな時事問題があれば，それについて少し触れるのもいい。ともかく，「歴史」の授業が始まっていくことを教室全体に伝えていきたい。

[2] 授業後

　授業後は，指導教員から「助言」をいただく。また，控室などで，見学してくれた他の実習生からの感想・意見も大切にしたい。

　まず，指導教員からは，授業をしての感想を求められるであろう。実際に授業をしてみて，うまくいったこと，反省点などを簡潔に言えるようにしておくこと。うまくいかなくて当然である。下手に落ち込む必要はない。ただ，うまくいかなかったことを，あれこれと「いいわけ」はしないことが賢明である。うまくいかなかったことは，素直に認め，次の授業に生かせばいいのである。前向きにとらえていきたい。

　そして，指導教員からは，①授業全体の流れへの指摘がある。導入・展開・まとめがきちんとできていたか。授業に一定のテンポがあったか。②板書事項は良かったか。誤字脱字はなかったか，黒板はバランス良く書けていたか。生徒にとって見やすかったか。③発問の方法とタイミングは良かったか。生徒に揺さぶりをかける発問であったか。深く考えさせることはできたか。④生徒とのやりとり，「対話」はうまくいったか。生徒の意見を聞いて，それを「つなげて」いくことができたか。⑤生徒たちは「学んで」いたか。1人で考えることができたか。グループで話し合う，他のメンバーの意見・考えを「聴き合う」ことができたか。協力して課題に取り組めたか。こうした視点から，授業を省察して，次の授業に生かしていく。

　助言・アドバイスをしっかりと受け止め，次の授業に生かしていく。この繰り返しを何度も行っていく。

4 授業検討会

　教育実習生は，実習校によって異なるが，「研究授業」を全員が行う場合と代表者が行う場合がある。代表者が行う場合で，授業することになったら，みんなに見てもらえると感謝して，積極的に授業実践してほしい。また，代表者が決まらないときは積極的に手を挙げて授業してほしい。

　授業検討会の流れについて説明したい。まず，授業者が，学習指導案に沿って，授業の内容・目的を説明する。そして，授業後の感想を「簡潔」に述べる。ここは，なるべく短めにすること，そうすれば，後の時間の助言・アドバイスをたくさんいただくことができる。

　次に，見学した他の実習生が，感想・意見を述べる。このとき，なるべく「ここは良かった」ということを多く述べてほしい。はじめから「声が小さい，説明が下手……」などという実習生がいるが，あまり気持ちのいいものではない。代表して授業を公開してくれたのだから，まずは「敬意」をもって意見を述べるべきである。ただ，この点は，直した方がいいということがあれば，それはしっかりと「伝える」べきである。その方法は，授業検討会で述べてもいいが，後ほど控室で「伝える」こともできる。全体に言いたいことか，個人的に言いたいことか，よく考えてほしい。

　最後に，見学した先生，指導教員からの助言・アドバイスがある。やはり，それぞれの先生の視点は違うので，指導教員からは言われなかったことも出てくる。こうした経験は，なかなかないことである。貴重な機会ととらえてほしい。

5 教育実習のまとめ

[1] 実習生といえども「教師」である

　まず，身だしなみには注意すること。基本は，男子はスーツ（夏以外はネクタイ着用）。女子も，基本はブラウスの上にジャケット，短すぎない丈のスカート。しわになっていないか，汚れていないか注意。

　靴は，基本は「運動靴」が良い。緊急時に動きやすい。もしもの場合，ガラスなど危険物の上を歩かないといけないことも想定する。スリッパは×である。

生徒に対しては，「教師」であるという意識。年齢が近いからといって，変になれなれしくならないこと。一定の距離感を保つことも大切である。ことば遣いも「丁寧語」を基本とする。
　そして，清掃活動などは，積極的に生徒と一緒に行おう。環境美化を大切にすることは，生徒に態度で伝える。

［2］指導教員を信頼する

　何かの「ご縁」で，指導教員と出会ったのである。他の先生と比べる必要はない。2～3週間という期間である。指導教員のやり方を徹底的に「真似て」みる。もちろん，ここはこうした「工夫」ができると思ったらそうすればいい。また，指導教員も「ご縁」で，実習生に出会う。実習生から学ぶこともたくさんある。私自身，毎回，実習生の工夫に「なるほど」と思って学んでいる。

［3］学ぶ姿を生徒（子ども）たちに見せる

　生徒たちも，実習生から多くを学んでいる。将来，学校で教壇に立つ未来の先生である。不慣れなことも多々ある。しかし，真剣に実習していく学生は，確実に「成長」していく。見違えるほど成長していく。生徒たちもそれに気づく。はじめての授業では「声」が小さくて聞こえなかったが，終わりになると「いい声」が教室にこだまする。また，生徒たちの「眼」を見ることができなかった実習生が，後半になると堂々と立ち振舞っていく。こうした姿を生徒たちも見ている。
　そして，指導教員も，実習生が成長する姿を見ることは，なんと嬉しいことか。
　指導教員は，後進の「教師」になりたい学生を育てるのであるから，懸命に指導してくれる。現在の職場はどこもかなり忙しい環境にあるので，指導して下さることに「感謝」して，それにこたえていこう。
　ただ，実習中はつらいことも多々あるだろう。実習校にほかにも実習生がいる場合は，声を掛け合って，お互いに励まし合う。けっして，1人にならずに，お互いに話をして，相談したり，相談される間柄で過ごしてほしい。

6 指導教員も学ぶ教育実習

　教育実習生を指導することは，次世代の「教師の卵」という大切な人間の成長の援助を行う仕事である。毎年複数の実習生が実習を行う。私は，現在（2016年8月まで）16年間で40人の実習生を担当させていただいた。実際に教師となった学生が，兵庫・長野・愛知に各1人と東京2人の計5人である（ただし，実習後連絡をとっていない学生もいるので実際はまだいるかもしれない）。

　実習生の授業を毎年指導することは大変だが，定期的に指導することができるのは，自分自身の授業を振り返ることにもなるので，こちらの方こそ勉強になる。また，毎年実習生が担当した授業で，今まで気づかなかった「授業方法」や「知識」を知ることができる。

　実習生を担当することは，教師のためにも大変有意義なことである。

7 ある教育実習生の3週間の成長

　3週間の教育実習である。学生にとっては，人生の中で，貴重な経験をする3週間となる。生徒の前に立ち，「教室」という学びの空間をどのように創造していくか。ある実習生の3週間の成長を，記録簿でのやりとりから見ていきたい。

〈1週間目　1日目〉

学生　「1日のスケジュールが10分刻みなので，てきぱきと行動しなければならない。大変だと感じた。」

教員　「学習指導案はできましたか。準備をしっかりとしておくことがカギです。」

〈3日目〉

学生　「初めての授業。ガチガチであった。授業をしての具体的な課題は，①事実の羅列になってしまう，②1人で話すだけに，③話し方が単調。（これに対する手立て）①伝える知識を絞り，エピソードなども盛り込む。②発問を考えておく。③強調したいところがあれば，声の調子を上げるようにする。明日以降の授業では，①に留意して改善していきたい。」

教員　「初授業おつかれさまでした。お話ししたように，①元気に（もう少し声を大きく），②メリハリのある話し方，③生徒とのやりとりをもう少し

　　　　入れる，ということが大切です。」
〈5日目〉
学生　「週の終わりということで体力的にきつかった。反省点として，後ろの人に届くような声。説明がかなり速足となってしまったので，内容を絞ったが，それでも質問などを聞くと，あまり伝わっていない内容も多かったので工夫が必要。」
教員　「まずは1週間おつかれさまでした。○○さんらしさが出てきましたね。声もだいぶ良くなってきました。その調子で来週に臨みましょう。」
〈2週間目　6日目〉
学生　「先週は，後半にかけて疲れがたまってしまったので，体調管理・体力調整が必要と思いました。」
教員　「声の調子が良くなってきましたね。生徒一人ひとりに伝えたい内容がしっかりと伝えられるよう努力して下さい。」
〈7日目〉
学生　「もっと多くの生徒を指名するという反省点を生かしていきたい。明日からの目標として，①課題以外でも指名してみる，②図版のようなものを提示して，よりイメージをつかみやすいようにしたい。」
教員　「指名にもいくつかの種類や方法がありますので，まずは，チャレンジしてみて下さい。」
＊上記の，指名の方法であるが，①座席の前から順番に指名していく，②座席の後ろから順番に指名していく。私は，②の座席の後ろからの方がいいと感じている。後ろから声が聞こえてきて，徐々に前に進んでいく方が，生徒の集中力が増す。
〈8日目〉
学生　「初めてグループワークを取り組ませた。しかし，生徒は教材（史料）に思うように興味を持ってくれなかった。生徒が教材に向かいたくなるような工夫を考えなければならないと感じた。」
教員　「教師の側の的確な指示，明確な指示，例えば「史料①の○○の部分に注目して読もう」などと言うと変わります。この点に留意してみましょう。」
〈9日目〉
学生　「明日の研究授業に向けての準備がほとんどであった。かなり，時間を

　　　　費やして考えたつもりでも，まだまだ改善点や不安な点が残るあたりに授業づくりの難しさというものを改めて感じた。他の先生から「教科書の知識」と「社会に出てから役に立つ政治的能力」という２つの力の養成のバランスが難しいという話を聞き，授業をデザインすることの難しさを知った。」

教員　「良い話を聞けてよかったですね。授業づくりに終わりはありません。でも，次の日の授業時間が常にきますので，そこまでに自分なりに「型」を作っておくことの繰り返しです。そして，授業してみての改善点を次に生かしていくことの繰り返しです。」

〈10日目〉

学生　「かなり緊張して臨んだ研究授業。先生方がいらっしゃるので，生徒もいつもよりも真剣に取り組んでくれたようだった。間の取り方が不適切（生徒の集中を切らしてしまう）などの反省点を今後の課題にしたい。」

教員　「研究授業おつかれさまでした。良い意味で緊張しているのがわかりました。史料を生徒に読ませる方法よかったですね。授業中は，いかに「生徒の声」を引き出すかがとても大切です。良かったですよ。」

〈３週間目　11日目〉

学生　「授業に慣れてくると，慢心ではないですが，どこか「このくらい準備しておけば十分ではないか？」といった感じを僕自身も感じてしまいますし，他の実習生の話を聞いていてもそのような雰囲気を感じます。しかし，プロの先生の授業を拝見していると，まだまだ自分は及ばないということを痛感させられるので，初心を忘れずに「より良い授業」を追究していければと思います。」

教員　「研究授業の協議会での，他の実習生や先生の助言・アドバイスは本当に貴重です。それを踏まえて後の授業に生かして下さい。期待しています。」

〈12日目〉

学生　「初週からの課題であった「元気」という点については，ある程度改善できたと思う。また，生徒一人ひとりと目を合わせて話す，ということもそれなりに意識して行うことができた。しゃべったり首を傾けたりする生徒の数が減り，頷いて聞いてくれる人が増えてきた気がするので，そこは良かった。

教員　「話し方の方法，目が合った生徒へ伝えることが，実は全体へも伝わるということを実感してきたでしょうか。良かったですね。」

〈13日目〉

学生　「J. K. ローリング氏の文章を引用して紹介したが，先生のアドバイスを受けて，2時間目のクラスでは，イギリスの話題から入り，生徒に英文を読んでもらい，最後に参議院選挙の話という順序にしたら，多くの生徒が興味を持って前を向いてくれた。同じ内容の話をするにも，順序や方法が違うだけで，ここまで変わるものかと驚いた。」

教員　「J. K. ローリング氏の文章，良かったですね。生徒にどんどん声を出してもらうことがいいです。生徒も集中していましたね。」

〈最終日　15日目〉

学生　「3週間の教育実習を無事終えることができました。実習全体を振り返ってみて，「もっと伝えられたことがあったのではないか」「もっとうまくやれたのではないか」という悔しさの方が圧倒的でした。この実習中に吸収したことをしっかり反省して，今後の自分のキャリアに生かせるようにしたいと思います。この3週間本当に御世話になりました。誠にありがとうございました。」

教員　「3週間おつかれさまでした。この記録簿を振り返り，考えてみて下さい。貴重な日々であり，たくさんの経験をして学んだと思います。是非今後に生かして下さい。」

第7章

つねに現在を考える

1 元旦の社説を読む

[1] 毎年元旦の社説を読みくらべる(朝日・読売・毎日)

2009(平成21)年から2016(平成28)年までの，元旦の「社説」のタイトルといくつかの内容を表にした。

	朝日新聞	読売新聞	毎日新聞
2009年	混迷の中で考える 人間主役に大きな絵を 市場失敗の大きさ 格差と貧困の広がり たくましい政治が要る	危機に欠かせぬ機動的対応 政治の態勢立て直しを 内需拡大に知恵絞れ 日米同盟の維持が重要 「党益より国益」を 1467兆円の個人金融資産の活用	09チェンジ 日本版「緑のニューディール」を 環境の先導で成長を図れ 新モデル(次期大統領オバマミクス「グリーンニューディール」)
2010年	激動の世界の中で より大きな日米の物語を 同盟という安定装置 アジア新秩序に生かす	「ニッポン漂流」を回避しよう 今ある危機を乗り越えて 日米基軸が国益に沿う 社会保障を景気対策に	2010再建の年 発信力で未来に希望を 平城京に学ぶ総合戦略 文化は日本の重要資源 鳩山政権の行動力(核廃絶)
2011年	今年こそ改革を 与野党の妥協しかない 日本の人口は2005年から減少傾向 もう財政がもたない	世界の荒波にひるまぬニッポンを 大胆な開国で農業改革を急ごう 日米同盟の強化が必須 経済連携参加を急げ TPP参加へ 消費税率上げは不可避	2011扉を開こう 日本の底力示す挑戦を 写楽，歌麿で再起の勝負 元気を引き出す仕掛け
2012年	ポスト成長の年明け すべて将来世代のために バブルで財政赤字に ブータンのGNH(国民総幸福)に学ぶ 成長から成熟社会へ	「危機」乗り越える統治能力を ポピュリズムと決別せよ 経済活性化は復興から 中国とどう向き合う 農業再生へのチャンス 安全な原発に更新せよ	2012激動の年 問題解決できる政治を求む，情熱と判断力 なぜ妥協しないのか

2013年	混迷の時代の年頭に 「日本を考える」を考える グローバル化の中で国家を相対化する	政治の安定で国力を取り戻せ 成長戦略練り直しは原発から 「3本の矢」をどう放つ 深刻な電力料金値上げ TPP参加で反転攻勢 持続的成長	2013年を展望する 骨太の互恵精神を育てよ 若者へ所得移転を あくまで国際協調で
2014年	政治と市民 にぎやかな民主主義に 強い行政，弱い立法 有権者から主権者へ	日本浮上へ総力を結集せよ 「経済」と「中国」に万全の備えを アベノミクスに試練 成長戦略は首相主導で 地域の安定に寄与せよ	民主主義という木 枝葉を豊かに茂らそう 自由で寛容な空気を 年末の安倍首相の靖国参拝 だれもが愛国者である 自由と寛容が民主主義を強くする
2015年	グローバル時代の歴史 「自虐」や「自尊」を超えて 忘れるための歴史 節目の年の支え 人口8年連続(2007年～)減少	日本の活路を切り開く年に 成長力強化で人口減に挑もう アベノミクスの補強を 台頭する中国に備えよ 欠かせぬ日米同盟強化	戦後70年 日本と東アジア 脱・序列思考のすすめ 強いアジアと向き合う 等身大の日本を誇りに 互いのナショナリズムを尊重し合う東アジア
2016年	分断される世界 連帯の再生に向き合う年	世界の安定へ思い 日本の責務 成長戦略を一層強力に進めたい	2016年を考える 民主主義 多様なほど強くなれる

　さて，私は，10年来3大紙（朝日・読売・毎日）の元旦の社説をコピーして生徒に配り，今年1年をどのように生きていけばいいかを考える糧としている。

　各新聞社のそれぞれの方針，考え方が出ていて興味深い。表には，2009年から2016年までの元旦の社説の項目と内容の一部を載せた。読売新聞は「日米同盟」の強化を何度も強調している。また，原発の再稼働にも触れている。朝日新聞と毎日新聞は，経済成長よりも「成熟社会」の到来を期待し，アジアとの関係を重視する。また，日本の文化を発信していくことが大切であるという。

　毎年，1月の初めての授業では，3紙の元旦社説のコピーを配付して，熟読したあと，グループで意見交換してもらい，最後はプリントに感想を書かせ提出させる。

　参考に，2016年のプリントを載せる。B5判の紙に印刷してある。

1　元旦の社説を読む　　63

```
┌─────────────────────────────────────────────────────────┐
│              2016(平成28)年を考える                      │
│                         2016年1月　　日(　)             │
│              年　　組　　番　氏名                        │
│                                                         │
│  ① 朝日新聞・毎日新聞・読売新聞の元旦の社説を読んで，印象に残った │
│    こと                                                 │
│  ┌─────────────────────────────────────────────────┐   │
│  │                                                 │   │
│  │                                                 │   │
│  │                                                 │   │
│  └─────────────────────────────────────────────────┘   │
│                                                         │
│  ② 3新聞の社説を読んで，考えたこと                      │
│  ┌─────────────────────────────────────────────────┐   │
│  │                                                 │   │
│  │                                                 │   │
│  └─────────────────────────────────────────────────┘   │
│                                                         │
│  ③ 2016年は，日本はどのようにあるべきと感じたか         │
│  ┌─────────────────────────────────────────────────┐   │
│  │                                                 │   │
│  │                                                 │   │
│  └─────────────────────────────────────────────────┘   │
└─────────────────────────────────────────────────────────┘
```

　以下に，2014(平成26)年1月の生徒のコメントをいくつか紹介したい。
①について
・3社とも原発問題や，特定秘密保護法などの出来事について述べている。
・どの新聞も，元日だからか，これからの1年の政治・国内に対する希望や問題点を扱っている。また，「民主主義」という言葉が頻繁に使われている。日本の国を「強い国」にするため，みんなで協力し合わなければならない。
・特定秘密保護法は，国民が知ることができないことが増えるだけでなく，立法・行政・内閣で監視し合うという体制を崩すことにつながる，ということ。朝日新聞は，政治とまったく関係のないものから書き，うまく政治へとつなげていて読みやすい。
②について
・民主主義のあり方や，私たちが大人になった時に，どのように政治や社会と向き合っていくのか考えた。

・政治は内閣だけがおし進めるものではない。国民は選挙で人を選んだらおしまいと考えがちで，政府が進めている政策に違和感を感じても止めようとしないし，止めるのも難しい。政府だけではなく，国民が政府を支えていくようにしないといけない。
・それぞれの社説を読んで，会社によっては意見が全く異なるのに驚いた。読売は，全面的に安倍政権を支持しており，靖国神社参拝問題を中国との関係悪化へとつながらせないようにと国際問題として扱うことに対し，毎日新聞では，国内での意見わけ(靖国問題で)を問題に取り扱っている。私は，尖閣問題で軍の力を強くすることには反対だ。

3について
・これまで通り，平和な社会を維持し，民主主義のあり方を見直していけるような日本にすべきであると感じた。
・日本は自国のさまざまな分野の技術が高い。農業でも原子力であっても。なのに，自給率が低いのはなぜだろう。我々が，自給率を高め，他国にアピールすべきだ。
・私は，毎日新聞のように「自由で寛容な国」をつくっていくことが良いと思いました。でも，自由の中にも規則・法律というものはしっかり守っていくべきです。今後の生活に大きく影響しそうな問題が多いですが，自分のことだけでなく，国民全体のことを考えて政治をまわしていけば，ステキな国になると思っています。

　生徒は，いろいろな意見を持っている。教室は「社会の縮図」である。景気がいいと感じている人，そうでない人が教室にはいる。原発にしても，絶対反対・反対，いつかは廃炉にしてほしい，再稼働すべき，原発やインフラを海外へ輸出すべき，廃炉にするためにも原子力の研究は進めるべき，安全な原発をつくるためにも研究すべきなど，実に多様な意見が出る。おおよそ，原発存続，賛成と反対は半々である。「多様な意見」があることに生徒自身も気がつく。そうした，「多様な意見」「正反対の意見」があることを肌で感じながら，社会に出ていくことが大切なのだと言える。少数意見をどう生かすか。こうしたことを考えさせたい。

[2]「元旦の社説を読む」の実際の授業

次に，参考に，2016(平成28)年の「元旦の社説を読む」の授業の学習指導案と授業後の生徒の意見を掲載したい。

2009(平成21)年から，毎年，1月の最初の授業は，朝日・読売・毎日新聞の元旦の「社説」をコピーして，授業で生徒に読ませている。

そして，プリントには，①3紙の社説を読んで印象に残ったこと，②考えたこと，③今年，日本はどのようにあるべきか，といった項目で書かせている。

以下に，具体的に2016年の1月の授業でどのように行ったのかを，学習指導案を示して説明していきたい。なお，予定は1時間だったが，実際は2時間で行った。

授業の展開

過程	学習事項	学習活動	留意事項	時間
導入	2016年の1月の出来事に触れる。	生徒には，初詣に①いつ，②どこに行ったか聞く。	3大新聞の1面に何が掲載されていたか確認させる。	5分
展開1	3大新聞(朝日・読売・毎日)の1月1日の「社説」のコピーを配り，各自で黙読させる。	黙読しながら，①気になったこと，②疑問点，③良いと思うことなどが，わかるように，サイドラインをひかせる。	読みながら，ひらめいたことなどを余白に「メモ」するように指示する。	15分
展開2	プリントを配付して項目ごとに記入させる。	①3紙の社説を読み印象に残ったこと，②3紙の社説を読んで考えたこと，③2016年はどのようにあるべきと感じたか。	プリントに各自で，記入する。記入後に，グループ活動でメンバーにこの内容を順番に話して共有することを促す。	15分
展開3	グループごとに，話した内容を，クラス全員で共有する。	1クラス40人の場合10グループ。選択科目のため，26人なので，4人グループ5つと，3人グループ2つにして，発表させる。本質は「平和」「安心して暮らせる社会」であることを考えさせる。	国防に関しても，さまざまな意見が出る。理想の武力行使のない社会。武器や軍隊のない社会。自衛のための軍隊は必要であるという考え。核保有が抑止力になるという考えなど，議論させたい。	10分

まとめ	3紙の共通の論点 民族紛争・民主主義・経済格差など，生徒が出した論点の共有	複数の新聞から情報を得て，今後，自らの考え方の基礎・土台ができるか。	18歳選挙権が始まり，生徒の中には，6月以降選挙権を持つものも出てくる。そうしたことも意識させたい。	5分

〈生徒の意見〉

- 「世界が分断されている」ということは，今年の大きな課題だと感じた。イスラム国の台頭によって世界が不安定になっている。記事にあるように，欧州での排他的な右翼政党の高支持率やアメリカのトランプ氏の人気。これらは世界がゆれていることで，それに逆らう強い流れを人民が求めるからだと思った。しかし，それはこの課題の解決を遠ざけることにつながる。しっかり課題に向き合って解決の糸口を探すことが大事だと感じる。
- 「多様性」や「民主主義」という言葉が目につく。現在それらの問題が，複雑化しているということであり，おびやかされているということでもある。新聞の社説は読者と取材した人へのメッセージである。この3種類の社説はどれも同じことについて述べており，これが日本の現状についての総意だと言える。
- 来年の春に私は18歳になり選挙権を獲得する。……今のままの政治への関心の持ち方ではいざ選挙が来たときに「なんとなく」投票をしてしまうと思う。……テレビや新聞で今の日本の状況や各政治家の意見をチェックし，同時に自分の意見も持てるようにならなくてはいけないなと思った。

2 データを大切にする

[1] データを気にする

　2016年7月10日(日)に第24回参議院議員通常選挙が行われた。18歳選挙権が導入されてから初めての選挙だった。

　自民党の圧勝であったが，その得票数を記録しておきたい。日本全体で2000万票を超えたのは，実に16年ぶりであった。野党連合(民進党・共産党・社民党など)で選挙戦が行われたが，自民党・公明党には勝てなかった。ここで，

気にかけたいのは，自民党が2000万票を超えたという事実である。

　また，「航空大学校募集1.5倍に」(読売：2016年8月2日)という記事があった。この記事から得られる情報は，航空大学校の本校は川崎市にあり，現時点の募集定員は72人で，これを1.5倍の108人にしたいこと。航空大学校はパイロットになるための教育・訓練を施す公的機関で，卒業生は航空会社などへ就職すること。国内には現在約6000人のパイロットがおり，年間百数十人を新規採用している。近年は，訪日外国人観光客の急増を受け，LCC（格安航空会社）の就航が拡大して，需要が高まる。東京オリンピックの開催される2020年には4000万人の訪日旅行者を受け入れる予定である。そのためには，今後，2016〜2020年の5年間で年間380人の新規パイロットが必要となる。さらに，2030年ごろには，多くのパイロットが定年を迎えて不足が懸念される。

　つづけて，航空関係の記事で，「訪日増へ地方空港支援」(読売：2016年8月17日)を見てみよう。

　国土交通省は，訪日客の誘致に意欲的な地域の空港を「訪日誘客支援空港」に認定した。対象となるのは全国25空港（那覇・広島・函館・静岡・富山・岡山など）である。国が管理する那覇・広島・函館などは，新規に就航した国際線や増便した国際線の着陸料が3年間最大で無料になる。地方自治体が管理する静岡・富山・岡山空港などは1年間着陸料が半額になる。具体的には，エアバスの小型機（A320）は，1回約8万円の着陸料がかかる。毎日1便飛ぶ国際便の場合無料になると，航空会社は年間約3000万円の負担の軽減となる。

　このように，記事にはたくさんの情報が掲載されており，いろいろな「教材化」ができる。

［2］人口のデータ

　日本に住んでいる私たちは，人口の変化にも敏感でいたい。日本が現在も世界の中で，経済水準が高く維持できているのは，人口の多さも関係している。1億人の人口がいると，「歯ブラシ」を考えても，1億人×年間3本×1本200円とすると，600億円という数字が出てくる。生活必需品の歯ブラシ1つをとってみても，数百億という数字が生まれる。その他にも，生活必需品は，石鹸・シャンプー・洗剤・クリームなど数多くあり，1億人という人口は，ものづくりの産業を支えるに十分である。そして，さまざまな産業を興し，できた製品を運搬し，販売する「流通」という仕事も生まれる。

私は，人口の変化には，敏感でありたいと思っている。ここ毎年行っていることは，1月1日の新聞の人口に関するデータを記録することである。
　例えば，今年(2016年)の元旦の新聞に掲載された2015(平成27)年のデータを提示してみたい。総人口は，29万4000人減少。9年連続の減少であった。つまり，2008年から，出生100万8000人，死亡130万2000人，結婚63万5000組(昨年より9000組減)，離婚22万5000組(昨年より3000組増)，新成人(1995年生まれ)121万人(昨年より5万人減)，申年生まれ991万人(男480万人，女512万人，干支の中で11位)，申年で最多は1968年生まれ(48歳)で182万人，つぎが1944年生まれ(72歳)で159万人，そして1980年生まれ(36歳)が154万人とある。どの新聞にも掲載されている。
　このデータと，国立社会保障・人口問題研究所の「人口統計資料集」のデータを参考にしてくらべてみると，いろいろなことがわかる。
　例えば，2015年の時点で1944(昭和19)年生まれの人は159万人となっているが，1944年でのデータでは220万人なので，約70年の間に，およそ61万人が亡くなっているとわかる(生存72％)。同様に，1968(昭和43)年生まれは，187万人から182万人なので，48年の間に，およそ5万人(生存97％)が，1980(昭和55)年生まれは，157万人から154万人なので，36年の間に，およそ3万人(生存98％)が亡くなっていると想像できる。
　また，いわゆる「団塊の世代」(1947年，1948年，1949年生まれ)は，それぞれ，出生数は，267万人，268万人，270万人であった。「団塊の世代ジュニア」(1971年，1972年，1973年，1974年生まれ)は，それぞれ，200万人，203万人，209万人，202万人であった。
　さらに，また「人口統計資料集」のデータを加工して，年次別の，小学校(1年生から6年生)児童数，中学校(1年生から3年生)生徒数，高等学校(1年生から3年生)生徒数を割り出すこともできる。これを見ると，高等学校の生徒数は1989年は613万1638人，1990年は616万654人，1991年は602万3412人で多かった。しかし，2016年は357万1363人となる。振り返ると，私が教師となった1991年ごろは，通常10学級の学校で，「11学級」となっていたのを思い出す。現在は，8学級の編成である。
　このように，人口のデータからは，いろいろなことがわかる。ただし，もととなる出典によって数が変わってしまうので，年次別で追いかける場合は，同じ出典のデータで比較しなければならない。例えば，日本の総人口について，

2015年（10月1日現在）の「国勢調査」のデータだと，日本の総人口は1億2711万人となるが，2015年「住民基本台帳」のデータだと，1億2589万人である。出典を揃える注意が必要である。

第8章

「学びの共同体」の実践・課題

1 学びの共同体の哲学とは

「学びの共同体」は，1980（昭和55）年から教育学者の佐藤学氏が提唱してきた教育・授業の哲学である。佐藤氏が試行錯誤のうえ，理論・体系化してきた教育理論である。

以下に，佐藤学『学校を改革する』（岩波書店，2012年）の叙述から，「学びの共同体」について解説していきたい。

佐藤氏が「学びの共同体」を標榜して，学校改革を提唱・実践し始めたのは，今から30年ほど前の1980年代である。そして，大きなうねりとなり全国へ普及し始めたのが，1995（平成7）年あたりからであった。新潟県の小千谷市立小千谷小学校，長岡市立南中学校での実践を嚆矢に，1998（平成10）年に神奈川県茅ケ崎市に最初のパイロットスクール「浜之郷小学校」が創設された。2001（平成13）年に静岡県の富士市立岳陽中学校が中学校のパイロットスクールとして，2005（平成17）年以降は広島県立安西高等学校，東京大学教育学部附属中等教育学校，静岡県立沼津城北高等学校，滋賀県立彦根西高等学校などが，高等学校のパイロットスクールとなって，全国各地に多数の拠点校が創設されている。

佐藤氏が唱えたのは，「21世紀型の学校」であり，21世紀型の学校の成立基盤は，①知識基盤社会への対応，②多文化共生社会への対応，③格差リスク社会への対応，④成熟した市民社会への対応を踏まえた学校である。

佐藤氏は，学びの共同体の学校改革を3つの哲学によって基礎づけている。

(1)公共性の哲学（public philosophy），(2)民主主義（democracy）の哲学，(3)卓越性（excellence）の哲学である。

学びの共同体の学校改革（佐藤学『学校を改革する』から作成）

公共性の哲学	学校教育は公共空間であり，内にも外にも開かれていること。最低年に1回は，自らの授業を公開し，すべての同僚と共に，子どもを育てる関係を築く必要がある。
民主主義の哲学	ここでいう民主主義とは，ジョン・デューイが定義した「他者と共に生きる生き方」を意味する。優れた教師は誰もが，もの静かな教師である。学校と教室に民主主義を実現するには，子どもと子ども，子どもと教師，教師と教師の間に「聴き合う関係」を創造する。聴き合う関係だけが，対話の準備をし，対話的コミュニケーションを生み出して，学びの共同体を実現することを可能にする。

卓越性の哲学	授業と学びはいずれも，卓越性を追求することなしには，実りある成果を生み出すことはできない。どんな条件であっても，丁寧さと細やかさを大切にして，最高の学びを追求することを習慣にする必要がある。「教育とは，習慣の形成である」(ジョン・デューイ)

「学びの共同体」は，上記のような哲学を備えた改革なのである。

[1] 公共性の哲学

　私が勤務する学校では，教師同士がお互いの授業を見学する機会が多くある。校内の授業公開として，「全教師が参加して行う授業検討会(年3回)」「学年の教師で行う授業検討会(複数回)」「教科別の教師で行う授業検討会(年1回程度)」がある。また，日常的に，個別に授業をお互いに見学し合うこともある。私も，他教科の教師から「ちょっと工夫したので，見学に来ませんか」と言われて，授業見学に行くことがある。また，学校公開日として，校外の参観者(主に受験生とその保護者)に見学してもらい，感想を書いてもらうこともある。また，「体験授業」として，入学希望者の小学6年生に授業体験をしてもらう。ここでも，感想を書いてもらう。

　そして，毎年2月に「公開研究会」を実施していて，全教科でだいたい2人の教師が授業を公開している。全国から毎年約500人ぐらいの教師・教育関係者が参加して下さる。

　こうして授業を公開することで，見学者からたくさんの助言がいただける。忌憚のない意見は，その後の授業の改善に役に立つ。他教科の教師からの指摘は，同じ教科の中では気づかないことがあり，大変貴重である。ときには，「先生の授業を見学して，教材研究を徹底することの大切さを，改めて痛感しました」といった嬉しい手紙をいただくこともある。

[2] 民主主義の哲学

　「聴き合う」関係は大切である。教師と教師の関係でも，一方的に自分の意見だけを述べるのではなく，気づいたことをさりげなく伝えて，それが，生かされていくのが理想である。教室でも，子どもたち同士が「聴き合う」ことが大切である。わからないことがあったとき，「ここがわからないんだけれど，どういうこと？」「ここの表の見方を教えて？」「辞書にはこう書いてあるけれど，ど

ういう意味？」「○年に，条約改正ってあるけれど，すべての国と改正できたのかな？」など授業中には子どもたちのたくさんの「疑問」や「つぶやき」がある。それを，その授業時間の中で解決できることが望ましい。

佐藤氏はいう。

> わからない子どもが，「ねえ，ここどうするの？」という問いを発することから，学び合いが出発する。この質問に答える子どもは，つまずいている子どものつまずきを理解し，つまずいている子どもがわかるように説明しなければならないし，その援助を受けて，わからない子どもは懸命に思考しなければならない。この他者の援助を媒介とする思考によって，わからない子どもは一人で学ぶことの限界を超えることができる。

つまり，わからない子は，わかる子から援助を受けて，理解していく。そして，わかる子も，わからない子にわかるまで丁寧に説明する。その際，順序を変えたりしたりと「工夫」をしながら教えていく。グループやペアワークで，他者に教えることによって，自分自身の理解が深まることになる。わかったつもりになっていても，教えているときに質問を受け，さらにその質問にうまく答えるように，考えながら話すことで，理解が深まっていく。

「聴き合う」関係は，学びに「深み」をもたらしていくのである。

[3] 卓越性の哲学

佐藤氏は述べる。

> 卓越性の学びとは，どんな条件にあっても，その条件に応じてベストを尽くすという卓越性のこと。授業の実践も学びの実験もたえず，最高のものを追求していこうという信念がなければならない。子どもの能力が低いからと言って学びのレベルを下げてはならない。……どんな条件であっても，丁寧さと細やかさを大切にして，最高の学びを追求することを習慣にする必要がある。「教育とは，習慣の形成である」というジョン・デューイの指摘は，卓越性の哲学によって支えられる必要がある。

教材研究も，ここまでで良いというものはない。教師も時間が限られているが，最新の研究成果には常にアンテナを張り，知っておきたい。また，新刊書もできるだけ手に取って，必要であれば手元におきたい。

最高のものを追求していこうという点で，1つ例を挙げたい。歴史の授業で，ここ数年私が考えて実践していることは，「論述問題」への挑戦である。できれ

ば，東京大学など国立大学の問題を考えさせたい。ただ，課題を与えて「さあ解きましょう」では大変なので，課題の取り組みにはいくつかの工夫を行っている。詳細は，第9章で述べたい。

そして，佐藤氏が常々強調していることは，「課題のレベルが高すぎて失敗した授業をみたことがない」ということであり，「ほとんどの授業の失敗は課題のレベルが低すぎることによって生じている」ということである。そこで，「課題のレベルを上げて卓越性の哲学を追求することは，教師にも子どもにも，学びにとってもっとも重要な倫理である謙虚さ(modesty)を育てること」になると述べる。

生徒に「難しすぎて，わからない」と言わせるのでなく，教師は，「難しいこと」をいかにわかりやすく教えるか，わかるように気づかせるかを「工夫」していく。ただ，この考え方は，21世紀の現在，過去のものとなっている。教師が中心となって「説明して」「話して」いくのではなく，いかにして，生徒同士で「協力」して理解し合えるか。「聴き合って」問題・課題を解決していくか。協力し合うには，生徒同士の人間関係など，教室の環境をじっくりと整えていくことがカギとなる。

2 学びの共同体の授業実践

私自身が今まで実践してきた「学びの共同体」の授業を振り返ってみたい。まず，2005(平成17)年に，勤務先で「学びの共同体」を取り入れることになった（現在は，「教えて考える授業」「協働学習」などといった理論も取り入れながら，個々の教師が工夫して授業を行っている）。佐藤氏が，直に指導・助言をして下さった。大変貴重なことである。

その年，私は1年生(中学1年)の担任となった。授業は，1年生の社会(歴史・地理で週3時間×3クラス)，6年生(高校3年)の日本史(2単位)，1年生の総合学習と5年生，6年生の卒業研究であった。ここでは，6年生の日本史の授業を紹介したい。

[1] 教室の変化

まず，学校全体で，教室の机を「コの字」型に配置した。従来は，いわゆる講義式で生徒は全員が前を向く形である(定期考査は今でもこの形)。初め「コの

字」型は，生徒が面白がっていた。廊下側3列と窓側3列が教室の内側を向き，図のように1番後ろの4人だけは，正面の黒板に対して従来通り向いている。教室の中央に，「空間」ができる。私は，この空間も大切だと思っている。生徒は，従来は黒板に向かって前だけを見ていたが，「コの字」だと生徒同士の顔がお互いに見える。ときには，ふざけて「アイコンタクト」をとって，手を振っている生徒も見受けられた。しかし，授業中に「真剣なまなざし」で集中しているクラスメイトを見て，自分もやる気を出した生徒も大勢いる。また，生徒に発言させるときに，すべての生徒が発言者を容易に見ることができるのがいい。講義式だと後方の生徒が発言するときは，前方の生徒は後ろを振り向かなくてはいけない。

　そして，グループになって課題に取り組むときには，「4人グループ」になってもらう。そのとき，机を移動させて，4つ机をつけてグループにする。4月当初は，机を移動させるにも，時間がかかった。佐藤氏が「3カ月もすれば早くなる」と言っていたが，その通りで，3カ月もすると，机の移動も早くなり，また，机と椅子が床を擦る音も静かになって，滑らかに移動ができるようになる。この机を移動させてグループにさせる動きは，このときからの下地があるので，現在の授業でも「グループになって」と言うと，大変スムーズに生徒は机を移動させることができる。

「コの字」型の教室

[2] 授業実践

　さて，6年生の日本史は，週2時間であった。選択授業であり，1つのクラスが30人程度である。

　今までの授業では，プリントを配付して穴埋めを行いながら，史料の読みや歴史事項(出来事・人物)の解説をしていくのがメインであった。生徒に発問しながら授業を進めていた。2005(平成17)年から，グループ活動を取り入れた。ただし，グループで考えてもらう「課題」づくりに苦心した。簡単な課題だとすぐに終わってしまう。また，難しすぎる課題も，手がつかず沈黙がつづいてしまう。実際には，以下のような「課題」を行った。

　その際に，各グループには，A3判またはB4判の紙と，マジックを配付して，課題の解答を「紙」に書かせることにした。紙でなく，「ホワイトボード」を用いることもある。ホワイトボードの裏側には磁石がついているので，黒板に張り付けられてグループごとの発表・意見交換に役に立つ。ただ，授業後に振り返る際や記録して保存しておくには，「紙」の方が便利である。

課題の例

縄文土器の6つの変遷について，その①形(スケッチ)②特徴③用途を説明せよ(教科書・図録を参考にする)。
銅鐸(袈裟襷文銅鐸)に描かれた図を紙に写して，その①内容②図の意味することを想像して説明せよ。
稲荷山古墳出土の辛亥銘鉄剣に刻まれた115文字を紙に写し，その現代語訳を説明せよ。また，なぜそれがつくられたかを説明せよ。
皇室と蘇我氏の系図を写して，どの人物とどの人物が対立していたかを系図に記せ。
伽藍配置の変遷の図を写して，①その変化と，②変化の理由を説明せよ。
下総国葛飾郡大嶋郷甲和里の戸籍を「系図」にして記せ。また，この家族へ与えられた「口分田」の合計は何段何畝何歩か。
教王護国寺の講堂に安置された仏像の図を写せ。この図からわかることを記せ。
国風文化：50音をすべて，①平仮名(ひらがな)②片仮名(カタカナ)③漢字(もとの漢字)で記せ(例，①あ②ア③安・阿)。
荘園絵図：桛田荘の絵図を見て，そこに描かれているものを説明せよ。
荘園史料：肥後国鹿子木荘の史料を読んで，その内容を図にせよ(教科書の史料・図録を参考にする)。

> 「京都の白河殿の附近」の図と「奥州平泉」の図を写して，比較せよ。①共通点②相違点を挙げよ。
>
> 鎌倉の図を写して，その地形，寺社の位置を確認せよ。

　上記のような課題を，授業の展開時間（20分ぐらい）で行い，それを各グループごとに発表させていく。多様な意見が出て，授業に深みが生まれる。

［3］授業実践からわかったこと

　「学びの共同体」の形式で授業を受けた生徒の意見・感想を紹介したい。
・いろいろな意見が聞けて勉強になる。
・自分と違う意見が聞けていいと思う。
・自分1人で考えるよりも周囲の意見を聴けるから，いろいろな方向からものを見ることができる。
・私は，先生のみんなに合わせた授業では早くていまいちよくわからないので，グループで話し合った方がわかりやすいので，もう少し時間を増やしてほしい。
・クラス全体が見えて面白い。
・いつでもみんなが1つという感じだからいい。
・友達の顔が見えて「みんなで勉強している」感がある。
・わからないことがあったら気軽に聞けるのがいい。
・孤立しないでいられる。

　この意見・感想からわかったことは，①生徒たちは，クラスには多様な意見があることを知ったこと，②生徒たちに，一人ひとりが孤立しているのではなく，「クラスみんな」で学んでいるという意識が生まれること，③授業内容でわからないことがあるときに，身近の仲間に質問できて，「教え合う」「学び合う」ことができるということである。

3 学びの共同体の課題

[1] 学び合うために

　机の配置について，生徒にアンケートを取ると，85％(2005年度，1年生120人のうち102人)が，配置について「良い」と答えている。いわゆる講義式と呼ばれる机配置では，生徒の視界には教師と黒板が中心となる。「コの字」型だと，「いつでもみんなが1つ」といった感覚を生徒が持つことができる。クラス全体を見渡すことができるのである。そして，周囲を見渡したときに，まわりのクラスメートが「集中」している姿を目の当たりにして，それを見た生徒は「やる気」や「意欲」が起こるのである。

　大学・大学院のゼミや会社の会議室は，「コの字」型が当たり前となっている。それは，「話し合い」を円滑に行うためには，発言者と聞き手が互いに視野に入ることが前提だからである。「学びの共同体」では，生徒同士が学び合うことに重点が置かれているのであるから，生徒同士がつねに見やすい位置に存在することが大切なのである。

　この点については『公立中学校の挑戦』(佐藤雅彰・佐藤学編，ぎょうせい，2003年)において，次のように指摘されている。

　　一時間の授業の中に「活動」「協同」「表現の共有」を組み込むこと。「活動」とは問題解決を図るための思考を伴う活動である。「協同」とは，グループ活動を取り入れ，仲間と話し合うこと。「表現の共有」とは，他者の表現を耳と目を集中させて聴き取り，それに対して自分の意見をぶつけたりする学び合いである。

　「学びの共同体」は4人グループの活動をともなう。この4人は男女2人ずつである(共学の学校の場合)。幸い私の勤務する学校では1クラス40人で男女20人ずつなので，ちょうど男女2人ずつの10のグループに割り振ることができる。1時間の授業の中で，「3分」でも良いから話し合う時間を設けることによって，生徒の間に変化が生じた。

　生徒の意見に「自分と違う意見が聞けていいと思った」というものがある。ここで，この生徒は他者との「異質」な部分を感じることができた。また，自分1人で考えるよりも周囲の意見を聴けることで，いろいろな幅広い方向からものを見ることができるようになる。さらに，4人グループの良い点として，5人

6人グループであると，その人数の多さから意見が一言も言えなくなってしまう生徒が出るが，規模が適度に小さいので自由に意見が言えることが挙げられる。「4人」という人数が適正なのである。
　次に，問題点について考えていきたい。「コの字」型スタイルや4人グループについて良くないと答えた生徒の意見には「みんながうるさい。黒板に向かっていないので授業に集中しにくい」とあった。たしかに，グループになり話し合いが活発に行われると，1クラスでは10グループが一斉に話を始めることになる。ここで，経験上注意しなければならないのは，「声の大きさ」について，生徒に十分気をつけさせることであろう。クラス全体に発表するときの声の大きさと，グループ内で話し合いをするときの声にはメリハリをつけさせることをしっかり指導しなければならない。導入時にうまくいかなかったので，反省してからは，年度初めの「授業開き」のときに指導し，さらに授業中，うるさくなったときには何度でも根気強く指導していく。うるさくなってしまうことの原因に「課題の難易度」も考えられる。易しすぎる課題だと話し合いにもならない。「適切な難度」でじっくりと考えられる課題を教師は吟味して与えなくてはならない。
　学校の教室という複数の人間が直に出会い，触れ合うことができる場であるからこそ「学び合う」ことができるのである。

［2］授業観察と授業検討会

　私の勤務する学校では，しばしば授業を公開している（①教師全員による授業検討会，②学年ごとの授業検討会，③教科による授業検討会，④毎年2月実施の公開研究会，⑤受験生・保護者向けの公開授業，⑥小学6年生向けの体験授業）。
　ここでは，②の学年ごとの授業検討会を説明したい。学年ごとの授業検討会は，その学年の授業に関わる教師が参加する。7～8人の教師であらかじめ設定した授業を観察（見学）し，その後約2時間かけて授業検討会を行う。実際に授業を直接観察できるのは3～4人である。授業を観察できなかった教師のために授業をビデオ（ビデオ撮影は移動が可能な1脚式の台を使用）に収録しておく。そして，検討会では授業の映像を流しながら，ときには「一時停止」や「巻き戻し」をしながら，話し合いを進めていく。
　授業観察の視点は2点である。生徒の学びを中心に見ること。なるべく，教

室の前や横から生徒を観察する(後ろで「参観」するのではなく、あくまで生徒の学びの「観察」である)。教師の指示・指導によって生徒がいかに学んでいるかを見ること。

このとき、生徒の「学びの過程」を見ることがポイントである。例えば、Aさんが、疑問を生じてそれをグループに投げかける。Bさんが答えるが、Aさんは納得しない。ところが、Cさんが違った説明の仕方をすることで、Aさんがなるほどと腑に落ちた。といった展開を生徒の横からじっくり見るのである。そのとき、決して参観者は生徒に話しかけたりはしない。

また、自分の授業以外の生徒の様子を直接に見る機会となり、生徒のふだん見かけない姿に気づくことができる。さらに、他教科でも自身の教科の内容と同じようなことを学習していることにも気づく。これにより、他の授業と自分の授業につながりを持たせることもできる。

次に、①の教師全員による授業検討会について述べていきたい。検討会の主題は「一人ひとりの生徒がいかに学んでいるか」である。私の勤務校では、検討会の基本は、静岡県富士市立岳陽中学校の方針にならっている(現在は16年目を迎えて、少し変わってきている)。前述の『公立中学校の挑戦』から述べていく。

　　授業検討会の留意点
　①　子どもは学びの文脈がわかっていたか。
　②　良かったことやいらないことは何か。
　③　「つながり」や「もどし」はどうだったか。
　④　意味のあるグループ活動だったか。
　⑤　社交辞令はやめる。「今日はありがとうございました」とか「これからの参考に」は言わない。
　⑥　公開した先生へのお礼として、感想を必ず全員が述べる。

ここに、もう1点、授業を参観して「学んだこと」を一言述べるのが、良いと考える。

この授業検討会では、生徒の動き、変化に敏感になる必要がある。どこで、いつ、どんなときに、「学び」が生まれていたか。また、全体を見なくてはならないが、実際は、数人の「個」に着目して観察することが要求される。学ぶ意欲が感じられない子や、生徒同士の関わり合いに注目して検討をすすめていく。

自分自身の授業をビデオで見る機会はなかなかないので、こんな話し方をし

ているのか，こんな声の大きさだったのか，こんな速さで話していたのかと気づかされる。余計な説明があったとか，私の場合生徒にもよく指摘されることだが，語尾に「…だね」とよく言っていた。ともあれ，自分自身を客観的に見ることのできる良い機会となる。

　7～8人の教師の目で，生徒を見ているため，子どもたちの細かい「動き」をキャッチできる。ノートの欄外に何気なく書かれた生徒の疑問に気づく教師もいる。また，10のグループで話し合いがされるが，その個々のグループの話す「内容」「展開」「深まり」など，教師が間近に見たことを検討会で伝え，教師相互で共有できる。

　また，私はこのように教師が授業観察をするのは，子どもたちの「安心感」の充実につながるのではないかと思っている。複数の教師が，子どもたち一人ひとりの様子を見ているのである。子どもたちも，「ぼく」「ぼくたち」「わたし」「わたしたち」を先生が見てくれていると感じている。そういう意味でも，教師が授業を公開し，教師同士で観察し合う学校の土壌は大切だと言える。

[3] 授業スタイルをどうするか

　講義式を長く行ってきた教師にとって，授業のスタイルを変えるのはなかなか難しい。教師が一方的に「話す」方法から，小グループ活動を取り入れて，できるだけ子どもの「問い」「探究」「表現」の学びに変えること。これが，21世紀の学校では求められている。

　ただし，教師の「教える」「導く」という役割は，今後も残っていく。「用語」「概念」の説明をする際には，講義式のスタイルが良いだろう。また，すべてをグループ活動にするのではなく，子どもが1人でじっくりと取り組む場合には「個」である時間を確保した方が良い。

　1時間の授業の中で，①教師の「声」(説明)にじっくりと耳を傾ける時間，②仲間で課題に取り組み，お互いの声を「聴き合う」時間，そして③1人(「個」)で考える時間のメリハリをしっかりつけることが大切である。

　また，別の視点から，例えば，元沖縄大学・琉球大学・中京大学教授の浅野誠氏は『授業のワザ一挙公開』(大月書店，2002年)で次のように述べる。

　　授業のワザの基本は，学生たちをいかに活性化させるかにある。「双方向型」授業がいわれているが，それ以上に重要なのは，学生相互の関わり合い，つまり「多方向型」授業である。……広い意味での「学生参加」の授業で

ある。この「多方向型」という考えに基づき，「生徒―生徒―教員」「グループ―グループ―教員」という関係を意識して授業を展開することが可能である。

ともあれ，生徒が受動的に授業に参加するだけではなく，教師の問いに対して「作業」を行い，「課題」に取り組み，発言・表現する流れが授業には必要である。授業に積極的に参加させるために，小グループ活動を用いたところ，前述の生徒のアンケートにもあったが，「楽しいし，わかりやすいし，自分のできないところをカバーしてもらえるから良い」という意見が出てきた。こうしたことからも，小グループ活動を授業中に積極的に取り入れるべきである。

最後に，人の話を聴くという大切なことについて述べておきたい。私は子どものころ，母（1938年生まれ）から「人間は，口は1つしかないのに，耳は2つあるのはどうしてか」と質問されたことがある。自分の話すことは少なくてもいい，でも，人の話はよく聴きなさいという答えであったと覚えている。佐藤学氏も，授業検討会でコメントした際に，アイヌのことわざに「口は1つ，耳は2つ」があると述べていた。この意味を私たちは考えていきたい。

小学校の教室の黒板の上には，学校目標・学年目標・クラス目標が掲げられていることが多い。十数年前，息子の小学校の授業参観をした際に，クラス目標として「よく見る子，よく聞く子」といった標語を見た。小学校の段階，家庭のしつけの段階から「人の話をよく聞く」ということは教えられている。

これは，非常に大切なことだと改めて実感している。志水宏吉氏は『学力を育てる』（岩波新書，2005年）の中で，学力水準の低下や学力格差の克服をしている「がんばっている学校」の存在を明らかにした。そうした学校を欧米では「効果のある学校（effective schools）」と呼ぶ。「効果のある学校」事例として，大阪のF小学校を挙げているが，この学校の子どもたちは「よく遊び」「よく聞く」のである。非常によく人の話を聞く。どこへいっても教師の言葉にしっかりと耳を傾けている。聴かなければならないときにおしゃべりをすると必ず周囲から注意の声が飛ぶのである。低学年の教室で「聞く」「話す」のルールが徹底されている。こうした丹念な指導を根気よく続けた結果，この小学校の子どもたちの間には，人の話を聞くことが身につき，さらにそれは「他者を尊重することの第一歩であるという常識」が打ち立てられているのである。

人の話をよく聴くことができると「集中力」も養われる。聞き手は，話し手の言わんとすることをしっかり理解しなければならない。

授業の中では，どうしても教師の口数が一番多くなりがちだが，ここで生徒の声もしっかり聴いていけるようにしていく。そして，生徒同士も，お互いを尊重し合って，お互いの声をよく聴いていけるような教室にしていきたい。そのためにも教師が，子どもの声を真剣に聴く姿勢を見せていかなければならない。

第9章 アクティブラーニングの進め方と注意点

この章では，「アクティブラーニング(AL)」について，どのような経緯で推進されたのか，実際のアクティブラーニングの方法の紹介，そしてアクティブラーニングを行っていくうえで，教室で行う主要な授業形態の用語を説明していく。

また，実際に進めていく際の注意点に言及したい。なお，文部科学省のさまざまな答申などでは，「アクティブ・ラーニング」という表現であるが，一般には，「アクティブラーニング」となっており，本書では「アクティブラーニング」と表現する。

1 導入の契機

2012(平成24)年8月28日に文部科学省は，中央教育審議会の答申で「新たな未来を築くための大学教育の質的転換に向けて～生涯学び続け，主体的に考える力を育成する大学へ～」を公表した。これは，大学への進学率が50％を超え，また，大学募集定員よりも，入学者数が少ない時代となり，誰でも大学に行くことができる状況で，大学教育の質的な転換が必要になったことを受けての方針である。

また，大学入試センター試験に代わり，2020年度から「大学入学希望者学力評価テスト(仮称)」が実施される。知識重視から，思考力や表現力を重視する変革である。中等教育(中学・高校)の教室でも教育の質の向上が目指される。知識の詰め込みが中心であった授業から，新聞や本などの資料を用いて熟読し，話し合い・議論を通して答えを「探究」していく授業がよりいっそう求められていく。

「アクティブラーニング」を活用した授業は，この課題にこたえていく可能性を持っている。

2 アクティブラーニングとは

前述した2012年8月の文部科学省の答申を確認しておこう。
　教員による一方向的な講義形式の教育とは異なり，学修者の能動的な学修

への参加を取り入れた教授・学習法の総称。学修者が能動的に学修することによって，認知的，倫理的，社会的能力，教養，知識，経験を含めた汎用的能力の育成を図る。発見学習，問題解決学習，体験学習，調査学習等が含まれるが，教室内でのグループ・ディスカッション，ディベート，グループ・ワーク等も有効なアクティブ・ラーニングの方法である。

京都大学教授の松下佳代氏は，ボンウェルとアイソンの"Active Learning: Creating Excitement in the Classroom"でアクティブラーニングの特徴として挙げられている以下の5点を紹介する。すなわち，（a）学生は，授業を聴く以上の関わりをしていること，（b）情報の伝達より学生のスキルの育成に重きが置かれていること，（c）学生は高次の思考（分析，総合，評価）に関わっていること，（d）学生は活動（例：読む，議論する，書く）に関与していること，（e）学生が自分自身の態度や価値観を探究することに重きが置かれていること，である。そして，今回の文科省の答申では，（a）（b）（d）が強調されていて，「教員による一方向的な講義形式の教育」との対比が明確に打ち出されていることに言及する（『ディープ・アクティブラーニング』勁草書房，2015年）。

つまり，授業は聴くだけでなく，「学ぶ」というスキルの育成や活動が中心の授業が大切ということになる。

実はすでに，教室ではこうした生徒の活動を中心にした授業は行われてきている。ペアワークや，グループ学習での授業も進められている。だが，依然として「講義形式」が中心の授業形態となっている日本の状況を一挙に変革しようというのが今回のねらいである。

アクティブラーニングを以下のようにまとめてみる。

① 授業者中心の授業から，「学修者中心」の授業へ。教師から講義を聴く（聞く）という従来の学習ではない（ただし，講義・説明が全く必要ないというわけではない）。

② 学修者は，自ら「学ぶ」という能動的な学習を意識して授業に参加する（ここでは，「個」の学習，「個人思考」もきちんと行う。個々の学習成果の獲得）。

③ 集団でさまざまな活動を通して，メンバー全員が成長していくことを目標とする（参加者が相互に尊敬し合うこと，メンバーの発言・意見をお互いに尊重する。メンバーの多様な意見・異なる見解があることを理解すること，そのうえで，メンバー同士が援助し合う，励まし合うこと）。この

過程で同時に，協同で学んでいるという「協同学習」のスキル（傾聴・質問・承認の対話の方法）も学ぶ。
④ 省察の時間，振り返りの時間を持つこと。この時間に何を学んだか，何が疑問点としてあるか，今後の課題は何か，などをリフレクション（振り返）する。

3 アクティブラーニングの実際

　ここでは，具体的なアクティブラーニングの例を2つ紹介したうえで，私自身が試行錯誤しながら実践している方法も提示していきたい。

　まず，西川純氏のアクティブラーニングの方法を見ていきたい。西川氏の授業は以下のとおりである（『すぐ実践できる！アクティブ・ラーニング　高校地歴公民』学陽書房，2016年）。
(1) 教師が課題を伝える（5分以内）
  ・「全員が課題を達成する」のが目標と伝える。
  ・「わからないから教えて」と自分から動くことを奨励。
(2) 「さぁ，どうぞ」と促し，生徒が動く（約40分）
  ・生徒は最初はまず自分が課題を解くため動かない。
  ・徐々にほかの子に教える生徒や，教わるために移動する生徒が出て，動き始め，グループが生まれていく（教師はグループを強制的につくったりしない）。
  ・やがて，グループ同士の交流が始まり，多くの生徒が課題を達成する。まだできない生徒をサポートするメンバーがどんどん増える。
(3) 成果を振り返る（5分以内）
  ・「全員達成」ができたかどうかを振り返る。学習内容のまとめはしない。あくまでも，「全員が課題を達成する」という目標に対してどうだったかを振り返らせる。

　ここでのポイントは，①授業の導入で，「課題」を生徒に「明確」に伝えることである。そのために，「黒板」に課題を書いておくことが大切である。②わからないことを聴き合うことのできる関係。生徒は，初めは「こんなこと」聴くなんて恥ずかしいと思って，なかなか周りの生徒に聴こうとしない。でも，「聴く

こと」は恥ずかしいことでないと感じることができると，教室に変化が生まれる。③「全員が達成」。この目標を遂げるためには，わかった生徒，理解した生徒は，「周囲を見て」，まだ理解していない生徒をサポートしていく。おせっかいでない程度に，教室のみんなが理解できるように，声掛けをしていく。

　そして，今日の授業内容のまとめはしなくていい。ただ，時間が余ったときなどは，復習と確認をして良い。

　次に，鈴木建生氏のアクティブラーニングを紹介する。鈴木氏の授業は以下のとおりである(『この一冊でわかる！アクティブラーニング』小山英樹・峯下隆志・鈴木建生，PHP研究所，2016年)。
(1)　課題の提示(学習目標の確認)
(2)　個人思考：まずは自分の力でやる(個人の責任)
(3)　集団思考：ペアかチームで取り組む(チームの責任)
(4)　クラス全体での交流：シェア(発表・質問・応答)
(5)　再度個人思考：まとめ小テスト・振り返り(気づき)
(6)　次回に個人の振り返りをクラスでシェア(民主的学習集団の形成)
　ここで，強調されているのが，アクティブラーニング＝グループ学習ではない，ということである。個人の思考が重要であり，個人の学びがなくては，集団の学びはないと考えている。個人の思考で，「内省的な対話」が行われ，集団の思考では，協調や異議や質問が起こり，ここで，「深い学び」となる。そして，クラス全体にシェアすることで，ほかの意見を交流させ，さらに「深い学び」が期待できる。そして，再び「個人の思考」で，この時間で何を学んだか，何がわかり，何がわからなかったか認知する，という授業の構成である。

　最後に，私の授業での方法を2つ具体的に紹介する。1つは，基礎・基本を重視した「教科書・資料集」をテキストにした授業内容。もう1つは，「論述問題」への取り組みの授業内容である。
　まず，基礎・基本を重視した授業内容の場合。
(1)　導入では，前回の復習を行う。そして，課題のプリントを配布する(5分)
　　・前回の復習は，生徒の気持ちを授業に向かわせるためであり，座席の後ろの生徒から指名して答えさせる(3〜5人程度)。このとき，列の一番後ろの生徒から指名して，徐々に前の生徒にしていくのが良い。教室に集中が

生まれる。生徒名簿に誰から指名したか印をつけておくと，次の時間に誰から指名すれば良いかわかる。
- 机を動かして4人グループになり「わからないところ」は聴き合うように促す。
- 自分の属するグループで解決できないときは，他のグループのメンバーに聴いて良いと伝える。

(2) グループで課題を解いていく(20分)
- だいたい15分で，終わるような課題にしておく。
- 初めは静かに1人で課題に向かっているが，次第にグループ内での聴き合いになり，中には，他のグループにまたがり，解決していく。

(3) 解答の確認と解説(20分)
- 生徒に答えさせて確認する。そして，①生徒による解説と，②教師による解説を行う。生徒による解説とは，生徒が「歴史事項・人物」を解説することである。年度当初に全員に指定した「歴史事項・人物」のプリント(A4判で1枚)を作成させ，提出させてある。これを該当の授業のときに印刷して配付する。

(4) まとめ　振り返りシートの記入(5分)
- A4判の紙に表になっていて，10回分の授業が振り返れるシートに記入させる。項目は，①今日の授業で協力できたか(4段階で自己評価)，②わかったこと，疑問点，③考えたこと，伝えたいこと，である。ここに，生徒からの質問があり，教室全体へ伝えたいことは，次の時間に伝えて共有することができる。

次に，「論述問題」への取り組みの授業内容の場合。
(1) 導入では，前回の復習を行う。そして，課題のプリントを配布する(5分)
- 前回の復習は，授業に向かわせるためであり，座席の後ろの生徒から指名して答えてもらう(3〜5人程度)。ここまで，いつもの授業と同じである。
- 課題のプリントは，主に「東京大学の日本史」(他の大学の問題ももちろん扱う)の過去問である。B4判の紙に，左側に問題文が書かれており，次に，「解答へのヒント」として，解答する際に用いるべき歴史用語を3つ程度列挙する。右側に，解答欄の枠，そして，解答例(模範解答)を載せてある。初め解答例は別紙にして配付していたが，後で復習する際の効率の良

さを考慮すると同じ紙に印刷してあった方が良い。生徒からもこの方法が良いと支持されている。

ただし，解答例が見えてしまうので，毎回「解答例の部分は，教科書で隠しておいて下さい」と告げている。生徒もそのようにしている。
- 机を動かして4人グループになり「わからないところ」は聴き合うように促す。
- 自分の属するグループで解決できないときは，他のグループのメンバーに聴いて良いと伝える。

(2) グループで課題を解いていく(20分)
- 15分で，終えることを目標とする(実際の東大の問題が75分で4題解く必要があるため)。
- 初めは静かに1人で課題に向かっているが，次第にグループ内での聴き合いになり，中には，他のグループにまたがり，解決していく。

(3) 解答の確認と解説(20分)
- 複数の生徒に答えてもらい確認する。
- ポイントは，キーワードとなった用語が適切に用いられているか。
- 日本語の文章としてしっかり読めるか。
- 各グループで，解答を交換してお互いに採点し合い，自分でも確認する。

(4) まとめ　振り返りシートの記入(5分)
- A4判の紙に表になっていて10回分の授業が振り返れるシートに記入させる。項目は，①今日の授業で協力できたか(4段階で自己評価)，②わかったこと，疑問点，③考えたこと，伝えたいこと，である。ここに，生徒からの質問があり，教室全体へ伝えたいことは，次の時間に伝えて共有することができる。

「論述問題」の解答の発表では，初め生徒は「えっ，大丈夫かな」と心配していたが，授業で基礎・基本を学習したすぐ後なので，案外できる。また，解答の書き出しで悩んでいるので，初めは，①書き出しは，プリントに書いておく，②解答例は書いてあるが，途中を穴埋め式にしておく，といった段階を経て，文章が次第にスムーズに書けるようにしていく。こうして何度か繰り返していくと解答できるようになった。東京大学の問題は，良問になるように作成者が練った問題である。問題文をしっかりと読み，作成者のねらいを読み取り，解答していくことが大切である。生徒は，問題が解答できるようになると自信を

持つようになっていく。

　私は，「生徒とともに授業を創りたい」という気持ちを持っている。これは，20年くらい前から考えていたことである。そのために，生徒にも教壇に立ってもらい解説をさせることもある。生徒による学び合いを意識してからも，いっそうその気持ちが強くなった。生徒による解答の時間は15分〜20分であるが，この見極めは，「生徒が雑談を大きな声で始めたとき」である。これは，佐藤学氏から教えていただいたことである。また，全グループが「ものすごく集中して課題に取り組んでいる」と感じたときは，生徒のグループでの活動時間を延ばして，後半のクラスの共有時間を調整する。さらに，1時間いっぱいを活動の時間として，次の時間にクラスの共有の時間をとることもある。このあたりは臨機応変に対応していきたい。

4　進めていくうえでの注意点

　実際に，アクティブラーニングを進めていくうえで，佐藤学氏と加藤公明氏が問題点を指摘している。2氏の考える問題点を検討し，私見を述べていきたい。

　まず，佐藤氏が述べるアクティブラーニングをめぐる，いくつかの警鐘を見ていこう。以下に，『「学びの共同体」の実践　学びが開く！高校の授業』(明治図書出版，2015年)所収の「高等学校の授業改革への道標」をもとに議論を進めていく。

　佐藤氏は，文部科学大臣が2014(平成26)年12月に中央教育審議会で次の学習指導要領は「何を教えるか」から，「どう学ぶか」を示すものになると諮問したことを指摘する。そして，文科省が，「アクティブ・ラーニング」を積極的に推進した理由を3点挙げる。数々の国際調査によって日本の授業改革の顕著な遅れが明白になったこと，伝統的な一斉授業の崩壊がどの学校においても顕著になったこと，伝統的な一斉授業による教師の伝達・説明と生徒の暗記を基本とする教育では，21世紀の国際経済競争から脱落する危険がある，という3点である。

　ここで注目したいのは，「国際経済競争」という言葉である。国際競争は，まさに「経済」の分野で顕著である。国際調査機関である，OECD(経済協力開発機構)が，まさに経済分野の機関である。この点は，注目しておきたい。

アジア地域が，最も授業改革を推進しており，それは，アジア地域が世界で最も経済競争と経済成長が激しく作用している地域であるためとする。

　同時に，アジア地域の授業改革は，アジア地域での民主主義の浸透の成果であると述べる。子どもの「学びの権利」が人権として尊重され，子どもが主人公となる学びのスタイルが模索されている。経済成長と民主主義が浸透しているという両義性をどのように実践的に認識すべきか。

　アクティブラーニングは，特定の理論・方式を示す概念ではないと指摘し，アクティブラーニングを行ううえで大切な要素としての「協同的な学び」を例にする。そして，「協同的な学び」の導入が，一斉授業の改革を推進することは確かであるが，一斉授業よりも質の高い学びが実現するかどうかは別問題であるとする。

　「協同的な学び」の本質を見極める必要がある。協同的な学びを歴史的に見ていくと，

　① 1930年代から「班学習」（小集団学習，collective learning）という小グループ学習があり，通常6人編成で組織され，グループのリーダー（上部）を決め，リーダーによって意見の一致を図ることに特徴がある。日本では大政翼賛運動の時期であり，集団主義によって学校教育が推進された。

　② 1950～1960年代から「協力学習」（cooperative learning）が，アメリカの社会心理学者のジョンソン兄弟にとって定式化された。「個人よりもグループ」「競争よりも協力」の方が，工場や学校における生産性が高まるという理論である。

　③ 1980年代以降，「協同的な学び」（collaborative learning）。これは，レフ・ヴィゴツキーの「発達の最近接領域」の理論に基づく。1人で達成できるレベルと，教師や仲間や道具の介助によって協同的に達成できるレベルとの領域で，まず学びは協同のコミュニケーションとして生じ（社会的過程），その次に協同的な学びが個人に内化される（心理的過程）。したがって，学びの課題は個人で達成できるレベルではなく，協同で達成できるレベルに設定すべきであるとする。

　つまり，現在進められている「アクティブラーニング」とは，1930年代の「班学習」，1950～60年代の「協力学習」，1980年代以降の「協同的な学び」に連なる学習形態であると言える。「班学習」の時代は，リーダー（上部）から降ろされた問題・課題に対して，班で学習し，最終的に意見の一致を図るのが目的となっ

ていた。つづく、「協力学習」の時代は、ちょうど大量生産の時期と重なり、工場における生産性を高めていくために、必要な労働者を育成していくことが目的となる。「教え合い」を基本とし、「競争よりも協力」「個人よりもグループ」が重視されていた。そして、「協同的な学び」の時代になる。ここでは、「量よりも質」「個の尊重」が重視される。「協同的な学び」が前二者と異なるのは、前二者が教育内容・教材と無関係に方式化できるのに対し、「協同的な学び」は方式ではなく、理論であり、教科内容に即してデザインされなければならないことにあるという。

　そして、佐藤氏は、「アクティブラーニング」が、「話し合い」に終始して学びが成立しない、「活動」だけして学びが希薄になる、「時間ばかり」費やして効率性のないものになることを危惧する。

　この危険性を避けるために、必要なのは「協同的な学び」の理論を実践することのできる教師の高度な専門的能力であるとする。その専門的能力を育成するために、小・中学校では伝統的に授業研究（検討会）が進んでいるが、高校でも授業参観や授業研究を進めることが重要であると述べる。

　授業研究については前述したが、「教室を開く」、つまり、いつでも授業を「同僚」同士が見合える環境づくりが必要である。どこの学校でも、授業研究を行いながら、教師集団が「同僚性」を育みながら、研鑽していると思う。私の勤務校でも、校内の授業研究が年に3回実施されている。他教科の先生にも授業を見てもらうことで、新たな視点が提示されることもしばしばある。その際に、生徒がどのように学んでいたか、どこでつまずいていたか、どこで助け合っていたか、などの視点で観察する。

　私も参加した研究会を紹介したい。福井大学では、2001（平成13）年3月から「実践研究福井ラウンドテーブル」を開催しており、2016（平成28）年7月現在31回実施している。学校・教師・コミュニティ・授業の4つの領域に分かれてセッションを行う。私が参加した「授業」の領域では、まず、大きなフロア（120人程度）で「小・中・高」の代表者による授業研究の実践報告が行われた。その後、4〜6人のグループに分かれ、全員が勤務校での実践報告を行う。先生方は全国各地から参加している。大変有意義な研究会なので、機会があれば是非参加してみてほしい。

　こうした、授業研究を継続していくことができる学校の環境、そして、個々の教師の意識が大切である。

さて，次に，加藤公明氏が考えるアクティブラーニングの問題点を見ていこう（『考える日本史授業4』地歴社，2015年，所収「「考える日本史授業」とアクティブ・ラーニングについて」より）。
　加藤氏は，問題点をいくつか指摘するが，ここでは，そのうち2点について言及していきたい。
　まず，1点目に，2014（平成26）年11月20日の中央教育審議会への諮問（「初等中等教育における教育課程の基準等の在り方について」）という次期学習指導要領への諮問を提示する。以下がその箇所である。

　　……基礎的な知識・技能を習得するとともに，実社会や実生活の中でそれらを活用しながら，自ら課題を発見し，その解決に向けて主体的・協働的に探究し，学びの成果等を表現し，更に実践に生かしていけるようにすること。……そのために必要な力を子供たちに育むためには，「何を教えるか」という知識の質や量の改善はもちろんのこと，「どのように学ぶか」という，学びの質や深まりを重視することが必要であり，課題の発見と解決に向けて主体的・協働的に学ぶ学習（いわゆる「アクティブ・ラーニング」）や，そのための指導の方法等を充実させていく必要があります。……

　加藤氏は，この中の，「基礎的な知識・技能」とはどのようにして，そしていかなるものとして選定されるのかを問題とする。これまでは，学習指導要領や教科書の記述，教師の教材研究などによって決定され，児童・生徒たちの共通のゴールと位置づけられることが多かった。だが，児童・生徒たちが真に解決したい課題はそのような基礎的な知識・技能によって発見・探究・解決されるものばかりではないとする。そこで，むしろ逆に，児童・生徒が解決したい問題・達成したい課題を発見（意識化）し，それを児童・生徒が主体的・協働的に解決・達成しようとしたとき，どんな知識・技術がその解決・達成のための基礎たり得るのかを教師は臨機応変に考えて，それらを児童・生徒が習得できるように指導するべきであると述べる。
　もう1点は，アクティブラーニングによってどのような人間を育てようとしているかである。新自由主義や排外主義が横行する現在の日本社会が求める「人材育成」のための教育であっていいのかという問題提起である。
　加藤氏は，児童・生徒は「材料」ではないという。社会が大きく変化していて，その変化にうまく適合できるような人材を育てることが，本来の教育のなすべきことなのだろうかと，疑問を呈する。児童・生徒・学生を人材として育てよ

うとする教育に対する違和感，反発は案外多くの教育者が持っているのではないかと。そこで，加藤氏は，人材ではなく「主体」と書く。「主体」は，社会を変える立場の存在で，自分たちが望む，みんなが幸せになれる社会を創造する存在であるとする。

私も，生徒を「人材」とは言いたくない。社会で活躍する「人材」という表現はあちこちで多く見られるが，確かに違和感がある。私の考えも同様で，社会で活躍できる，自分の役割を果たし，個性を発揮できる「人間」の育成と表現したい。さらに，生徒と共に，教師も成長できる社会でありたいと思う。私の住まいの近隣の小学校では「人財」と言っている。

加藤氏は，本来においてわれわれが育てるべきはそのような「人材」ではなく，「社会を改革する主体」であるべきだと主張する。加藤氏の「考える日本史授業」は生徒による「課題の発見と解決に向けて主体的・協働的に学ぶ学習」であり，その意味ではアクティブラーニングの実践とされる。しかし，加藤氏はけっして生徒を「人材」として育てようとはしない。日本国憲法が教育に求めた主権者育成，平和と民主社会の担い手として生徒を育てようと考え実践している。

アクティブラーニングの授業を進めていくにあたり，生徒を信頼して「生徒に任せること」は基本であるが，教室でファシリテイト役としての教師の「力量」も，しっかりと成長させなければならないことは，肝に銘じることである。

そのためにも，佐藤氏が述べるように，教師たちの授業研究と，最新の学習科学に基づく学びの理論の構築が，今後さらに必要なのである。

5 アクティブラーニングの授業の用語

最後に，アクティブラーニングの授業づくりに欠かせない用語を解説していきたい。

なお，表の作成にあたり，『この1冊でわかる！アクティブラーニング』を参考にして，適宜補足を行った。実践するにあたり，参考にしていただければ幸いである。

学習形態	意味
(1)話し合い・学び合い	
ペア学習 (シンク・ペア・シンク)	2人1組で行う形態。通常、座席の隣になったもの同士が行う。音読を聴き合う、課題の答え合わせをする、概念の説明をお互いにし合い意見交換するなど。課題の追究を共に行う。
ラウンド・ロビン	3〜4人1組で行う形態。メンバーが順番に意見を述べていく。 ブレーンストーミングの簡易版である。 順番に発言するので多くの人と意見交換ができる。
ブレーンストーミング	3〜4人1組で行う形態。メンバーが自由に話し合いを進める。 その際、4つの原則を周知する。①批判しない、②自由奔放、③質より量、④連想と結合。 ここで、模造紙・附箋を用意して、模造紙に、メンバーの意見を書いた附箋を貼付していく。どのように貼付するかで、各グループの個性が出て面白い。図式化・概念図化することができる。
ワールドカフェ	3〜4人1組で行う形態。 ①全体に提示された「課題」を、各グループで議論する。机には模造紙を広げて、誰が何を、どのように書いてもいいというルールにする。 ②決まった時間がきたら、各グループの「ホスト」以外のメンバーは、他の机に移動する。 ③移動先で、「ホスト」からその机で議論されていた内容を聞いてから、さらに議論を深める。 ④机の移動を繰り返す(たくさんの机がある場合は、数グループ移動した時点で終了とする)。 ⑤各机の「ホスト」がまとめを全体に報告して、共有する。
(2)文章を書く	
ピア・レスポンス	①レポートなどの紙に書いた文章を、2人1組で、お互いの文章を読み合う。 ②自分の文章・答案を相手に説明する。このとき、聞き手は、「傾聴(よく聴く)」する。 ③聞き手は、相手の文章を自分のことばで「再生」し、内容を確認する。 ④聞き手は、「良いところ」を伝える。また、「わからないところ・改善点」について質問する。 ⑤役割を交代して、②〜④を行う。 ⑥相手からの助言・フィードバックを参考に、自分の文章や答案を書きなおす。

(3)教え合い	
ジグソー法	3～4人1組で行う形態。 ①授業者が，クラス全体に「課題」を提示する。 ②課題をグループの構成人数に合わせて内容を均等に分割する。 ③グループ内で話し合い，各自の担当箇所を決める。 ④グループ(机)を離れ，同じ内容の箇所の担当者が集まり，「エキスパートグループ」(専門集団)をつくる。 ⑤各「エキスパートグループ」で，担当箇所の学習を深める。 ⑥元のグループにそれぞれが戻り，メンバーに担当箇所の内容を教える。 ⑦クラス全体で，意見を交換する。
LITE (Learning in Teaching)	2人1組になり，お互いに自分が学んだことを相手に教え合うこと。 ①授業者が全体に講義する，あるいは教材を提供する。 ②講義を聞いて，あるいは教材を読んで理解する。 ③役割を決め，理解した内容を相手に教える。このとき，聞き手はしっかり聞く。聞き手は，良いところを伝える。わからないところや改善点について質問する(「指摘」ではない)。 ④役割を交代して，③を行う。

第10章

授業の実際

この章では，実際の授業を3つ紹介して，解説を行っていきたい。3つの授業とは，1．足尾鉱毒事件と田中正造を考える，2．日比谷焼打ち事件を考える，3．集団的自衛権を考える，である。
　それぞれの授業の単元設定の理由，授業準備の方法（教材研究），授業の指導案，授業後の省察を述べていきたい。なお，ここでは「1　授業日時」や「2　学級」は省略する。

1　足尾鉱毒事件と田中正造を考える

　この授業は，近代の「立憲国家の成立」で，明治政府が東京を首都とし，大日本帝国憲法を制定し，議会を開き，中央集権体制を確立した時期に「社会問題」が発生していることに着目させたい。
　1891（明治24）年に発生した足尾銅山の鉱毒事件は，社会問題となり，日本史における始めての「公害」であった。
　単元設定の理由としては，中央の政府が日清・日露戦争へと向かう中で，地方においては鉱毒の被害を受けた「渡良瀬川」流域の農民たちと，その農民たちを支えた栃木県選出の衆議院議員「田中正造」の行動を考えさせたいというものがある。

---学習指導案（例）---

3　生徒所見
　グループ活動では，比較的良く話し合いができる。すぐに意見を述べる生徒よりも，じっくり考えてから発言する生徒が多い雰囲気である。団結が感じられるクラスである。
4　単元と授業計画
使用教科書　山川出版社『詳説日本史B』
　(1)　単元名　産業革命と明治時代の社会運動
　(2)　学習目標
　　産業革命の発展は，日本に富をもたらしたが，一方，さまざまな社会問題も起きた。その問題に対して，政府はどのように対応したか，また労働

者，政治家は何をしたかを，考えていきたい。
(3) 学習計画
① 日本の産業革命
② 古河市兵衛と足尾銅山
③ 足尾鉱毒事件と田中正造…本時

5 本時の学習目標

　古河市兵衛が操業を開始した足尾銅山は，銅の生産を伸ばしたが，それにともない公害が表出した。渡良瀬川流域への被害が拡大し，その予防のための洪水対策として，遊水地が政府によって計画された。遊水地候補となった「谷中村」へ移り住んだ田中正造が，そこで農民(村民)と共に，何を考え，行動したかを考えたい。

6 授業の展開

過程	学習事項	学習活動	留意事項	時間
導入	谷中村の図	図を見て，そこへ政府が遊水地を計画した理由を考える。	図を見て，場所を確認させる(地図帳も)。	5分
展開1	1904(明治37)年，田中正造は谷中村に入る。	正造は，どのような気持ちで谷中村に入ったのか。	グループで意見交換。	15分
展開2	谷中村の強制破壊	1907(明治40)年6月，谷中村は強制破壊となる。このとき，田中正造は何を考えたか。	「その群れの人に化してその人となる」正造が谷中村に入って，辛酸を共にして，彼ら(村民)を師として学び，彼らと同じ人間になったことを知る。	20分
まとめ	「真の文明は　山を荒らさず　川を荒らさず　村を荒らさず　人を殺さざるべし」という田中正造のことば	正造の文明論・自然観をどう見るか。	ここまでの学習の意見・考えを聞く。	10分

7 評価
(1) 中央の政府は日清・日露戦争へと向かう中で，「銅」の生産を続ける必要があったことを理解できたか。

(2)　鉱毒の被害を受けた渡良瀬川流域の農民たちの行動を理解できたか。その農民たちを支えた栃木県選出の衆議院議員田中正造の行動とその思想を理解できたか。
8　生徒への課題図書
　生徒は，冬休みの課題で以下の文献から1冊選んでレポート作成を行った。
　城山三郎『辛酸　田中正造と足尾鉱毒事件』角川文庫，1979年
　立松和平『毒　風聞・田中正造』東京書籍，1997年
　小西聖一『田中正造　公害の原点，足尾鉱毒事件とたたかう』(NHKにんげん日本史)酒寄雅志監修，理論社，2005年
　砂田弘『田中正造　公害とたたかった鉄の人』講談社火の鳥伝記文庫，1981年
　佐江衆一『田中正造』岩波ジュニア新書，1993年
9　授業の省察
　授業後の生徒の感想では，「田中正造は，谷中村に入って村人と共に暮らすことで本当に，農民のつらさや苦しさを知っていったのだと思う」というものがあった。
　また，古河市兵衛や日本政府のことを考えて，「当時の日本が，近代国家として世界の一流の国となるには，銅を輸出していくことも仕方がなかったのかもしれない」という意見も見受けられた。
　政府が，洪水の対策として渡良瀬川の治水事業を提案して，鉱毒の問題を，治水の問題に変えていったのであった。その結果，下流域の千葉・埼玉・東京への公害の被害はなくなったが，「谷中村」という1つの村が消滅してしまったのである。現在は「渡良瀬遊水地」として，のどかな田園風景の中に遊水地があり，魚釣りやボードセイリング，ランニングなどのレクリエーションの場ともなっている。そこには，歴史の保存地区も残されており，谷中村の共同墓地(延命院)や，村の住居・役場の跡もあり，古をしのぶこともできる。
　今後の課題であるが，荒畑寒村の『谷中村滅亡史』(平民書房，1907年)を教材にしての一考察も検討したい。この本は『日本の歴史⑱日清・日露戦争』(集英社，1992年)で海野福寿氏が言及しているが，国家権力が一企業によって引き起こされた鉱毒問題を村民の生命と共に水没させる，という暴挙に憤激した荒畑が筆を執って一挙に書き上げたものである。荒畑のルポをもとに

して，谷中村の状況を理解していくこともできる。

2 日比谷焼打ち事件を考える

　日比谷焼打ち事件は，なぜ起きたのか。その背景にある日露戦争の講和条約に反対する全国的運動を理解する。講和条約であるポーツマス条約の内容を確認する。そこで，都市の民衆の生活状態を知る必要もある。また，この日露戦争講和反対運動が，のちの大正デモクラシーの特徴である民衆勢力の伸長の起点ともなっていることにも気づかせたい。

―――――学習指導案（例）―――――

3　生徒所見

　比較的活発なクラスである。適宜発言がなされる雰囲気がある。社会科に興味を持つ生徒が比較的多いと言える。地図帳を上手に活用できる生徒も見受けられる。

4　単元と授業計画

使用教科書　山川出版社『詳説日本史B』

　(1)　単元名　立憲国家の成立　日清・日露戦争
　(2)　学習目標
　　　2つの戦争をめぐって国際社会や国内でどのような動きがあったのか理解する。
　(3)　学習計画
　　　①　日清戦争
　　　②　中国の情勢（中国の分割）
　　　③　日露戦争
　　　④　日比谷焼打ち事件…本時

5　本時の学習目標

　日比谷焼打ち事件（＝日露戦争の講和条約〈ポーツマス条約〉に反対する全国的運動の頂点となった都市民衆爆動〈『国史大辞典』より〉）が，起きた理由を考える。民衆たちは，なぜ，行動したのか理解する。また，この日露戦争講和反対運動が，のちの大正デモクラシーの特徴である民衆勢力の伸長の起点ともなっていることにも気づかせたい。

6 授業の展開

過程	学習事項	学習活動	留意事項	時間
導入	日比谷焼打ち事件の図	事件の錦絵を見せて,民衆の行動を考える(資料1:錦絵)。	民衆と争っているのは誰だろうか。	5分
展開1	日比谷焼打ち事件の背景を押さえる。	なぜ,日比谷公園だったのか。日比谷公園…民衆運動の場(資料2:講和条約反対国民大会決議案)	陸羯南は,日比谷公園を市民会合の場であると述べている。	15分
展開2	新聞報道の影響を見る。	新聞では,どのように報道されていたか(資料3:「新聞」記事,『万朝報』など)。どのような人たちが参加していたのか(資料4:参加者の階層分析表)。	国民は,戦争と講和に関する報道をどのようにとらえていたか。参加者の階層から,見えてくることはあるか。	20分
まとめ	日比谷焼打ち事件の歴史的意義とは。	1 民衆の不満の爆発 2 藩閥専制政治への抵抗 3 大正デモクラシーの源流	都市の民衆が生活するうえで,要求が関係していたことを理解する。	10分

7 評価

(1) ポーツマス条約の内容を理解し,民衆の不満がどこにあったか理解できたか。

(2) 都市の民衆の行動が,のちの大正デモクラシーの源流となっていることを理解できたか。

8 教材研究参考文献

櫻井良樹「日露戦時における民衆運動の一端」『日本歴史』436号,1984年

能川泰治「日露戦争時の都市社会」『歴史評論』558号,1996年

9 授業の省察

生徒の感想を紹介する。「民衆たちは,どうして交番や新聞社を襲撃したのか。現在の日本ではこのようなことは起きない。ということは,この当時の人々はかなり不満があったのではないだろうか。また,行動力があったの

に驚かされる。」というものがあった。
　現在でも,「集団的自衛権」の問題や,「原子力発電」の存続の問題を考えて,国会周辺で抗議を行う人たちがいるが,交番や新聞社を襲撃することはない。人々の行動や,訴え方に変化が起きている。
　生徒たちは,その行動力のもとには,厳しい「民衆の生活」があったと感じたようである。本当に,多くの民衆の生活は厳しい状況があり,そのことも含めての行動力だったと知るのである。

3　集団的自衛権を考える

　この授業では,年間を通して,「集団的自衛権」を考えてきたうえで,まとめとなるものとして実施した。教材についてと,指導の工夫は以下の通りである。
　生徒は課題で新書を2冊すでに読んでおり,そこから得た知識を共有しながら,問題点を指摘して,今後の集団的自衛権を認識したうえで,「平和」をどのように構築していくか,多様な意見から考えていきたい。
　授業のねらいとして,「協働的な活動」を行うことが挙げられる。そこで,集団的自衛権について,賛成・反対の論者の考え方を理解し,吟味する。グループでは異なる考え方のそれぞれの主張を理解したうえで,その問題点を共有させる。そして,今後の日本のあり方を議論させる。

───── 学習指導案(例) ─────

3　生徒所見
　グループ活動では,どのくらい相手の意見に耳を傾けられるか。そして,多様な意見があるこの問題をどのように考えていくか。比較的社会科に関心が強い生徒が集まっているクラスである。
4　単元と授業計画
使用教科書　山川出版社『日本史A』
　(1)　単元名　近代の追究
　(2)　学習目標
　　近年の集団的自衛権の問題を概観し,その本質を理解したうえで,どのように対応していけば良いのかを幅広い観点から多様に考える。

(3) 学習計画
① 集団的自衛権とは何か・集団的自衛権の問題の本質・歴史的経緯
② どうして今，集団的自衛権が必要なのか(レポートの意見交換)
③ 伊勢﨑賢治氏・石破茂氏・香田洋二氏の考え方を知る
④ 集団的自衛権と平和を考える(今後の日本のあり方)…本時

5 本時の学習目標

　近年話題になっている集団的自衛権についての本質をとらえたい。その際，賛成・反対の考え方を吟味して，双方の主張を理解する。そのうえで，集団的自衛権を今後どのように考えていくかを，多角的に考察させたい。

6 授業の展開

過程	学習事項	学習活動	留意事項	時間
導入	集団的自衛権が出てきた経緯を年表で確認する。	年表の出来事を生徒に挙げさせる。	集団的自衛権の解釈の変化を理解させる。	5分
展開1	集団的自衛権と集団的安全保障の違いを理解する。	集団の意味の違い。集団的自衛権(同盟国)と集団的安全保障(国連加盟国全体)。	同盟国同士の集団的自衛権と，国連加盟国全体がとる安全保障という概念を理解する。安全保障は，普遍的な「平和」を求めていくこと。	15分
展開2	賛成・反対それぞれの意見を読み込む(資料：集団的自衛権行使)。	集団的自衛権の賛成・反対のそれぞれの主張を理解する。そこにはどのような双方の主張があるか考える。どこに結節点を見い出したら良いか意見交換。	東アジア情勢，中国の強大化などに対して，日本はどう対話していくのか。1月の授業で扱った朝日・読売・毎日の社説の意見も参考にして，生徒たちの意見を聴く。	25分
まとめ	国家の上に立つものがない国際社会において，国家間の問題はどのように解決すれば良いか。	「国際社会がさらに人道的な考慮を重視する世の中になり，国家間の紛争を処理する国際的な仕組みができれば自衛権の考えも変わる」という，浅井基文氏の考	国のリーダーの考え方・発言が，国際社会に与える影響は大きいが，一市民として，国が「平和」とかけ離れる事態になることは避けなければならない。われわれ	5分

106　第10章 授業の実際

| | | えをどう解釈するか。本質は平和を保つということを考えさせる。 | はどのような行動をしていくべきか。生涯にわたる課題である。 | |

7　評価
　(1)　集団的自衛権についての理解とその問題点を理解できたか。
　(2)　自衛権・平和について，隣国との関係も踏まえての考え方を形成できたか。

8　生徒への課題図書
A　夏休みの課題で生徒は，以下の文献のレポート作成を行った。
　半田滋『日本は戦争をするのか　集団的自衛権と自衛隊』岩波新書，2014年
B　冬休みの課題で生徒は指定された1冊を読み，レポート作成を行った。
　伊勢﨑賢治『日本人は人を殺しに行くのか　戦場からの集団的自衛権入門』朝日新書，2014年
　石破茂『日本人のための「集団的自衛権」入門』新潮新書，2014年
　香田洋二『賛成・反対を言う前の集団的自衛権入門』幻冬舎新書，2014年

9　教材研究参考文献
　防衛省『防衛白書』
　浅井基文『集団的自衛権と日本国憲法』集英社新書，2002年
　豊下楢彦『集団的自衛権とは何か』岩波新書，2007年
　松竹伸幸『憲法九条の軍事戦略』平凡社新書，2013年
　浦田一郎・前田哲男・半田滋『ハンドブック集団的自衛権』岩波書店，2013年
　松竹伸幸『集団的自衛権の深層』平凡社新書，2013年
　辻村みよ子『比較のなかの改憲論　日本国憲法の位置』岩波新書，2014年
　奥平康弘・山口二郎編『集団的自衛権の何が問題か　解釈改憲批判』岩波書店，2014年
　井上ひさし・樋口陽一『「日本国憲法」を読み直す』岩波現代文庫，2014年
　坂野潤治・山口二郎『歴史を繰り返すな』岩波書店，2014年
　遠藤誠治・遠藤乾編『安全保障とは何か』（シリーズ日本の安全保障1）岩波書店，2014年

10　授業後の省察

　生徒の授業後の感想を紹介したい。あるクラス(45人)の授業後のアンケートでは，集団的自衛権の行使について，賛成10人，反対16人，どちらともいえない6人，意見なし13人であった。

　賛成の生徒の意見には，「もとより，私は集団的自衛権に賛成だったが，理由はアメリカ軍にずっと守ってもらっているというのが不思議でたまらなかった。しかし，本を読んで(香田氏の本)知識が上乗せされ，日本とアメリカの深い関係を知り，同等にアメリカを支えられる国に日本はなるべきだという考えが出てきた」とある。在日米軍の存在が，日本の安全を生み出していたといえる。

　反対の意見には，「……アメリカが集団的自衛権の行使によって始めたイラク戦争，アフガニスタン戦争など，ずるずる引きずり勝利できないまま終わった。……集団的自衛権の必要性は全くないということになることがわかった。同盟関係は補完的であるべきだという言葉が本文中にあった。ならば日本は平和の国というイメージや憲法第9条などの強みを生かした行動によってネーション作りというほかの国にはできない行動をしていくことが正しいのではないかと考えた」とあった。日本が世界で誇れる「平和憲法」をしっかり表明して，日本だからできることをすべきだという意見に私も共感している。

　意見を表明できない生徒の言葉として，「日本に課せられた使命はそういった大国(中国とアメリカ)の利欲を抑えさせ，そのエネルギーをアジア地域の発展に結びつけるためにまとめることである」と述べている。日本の使命は，原爆被害国でもあり，地理的に中国とアメリカの間にあるという中で何ができるかがカギとなる。

　授業を行い，集団的自衛権についての理解を進めてきた。賛成する生徒は少なかったが，中国の軍事強大化，北朝鮮の核開発の懸念が一番の原因となっている。反対する生徒は，日本の平和・安全が崩れてしまうことを心配する。

　生徒が指摘するように，テレビや新聞から受け取る情報だけがすべてでなく，日本の将来を決める重要な判断だからこそ，私たちが関心を持って政府やメディアの発信をしっかりと聞き，そこから自身の考えを導き出すことが

大切になる。そして，日本に生きる国民・市民としての自覚を持ち，個々の状況を理解していくことが求められている。

第11章

学びつづける教師

1 問題意識・課題をつねに持つ

　社会科(地理歴史科)の役割・使命は，高等学校の地理歴史科の学習指導要領の目標(2009年告示)にもあるように，「国際社会に主体的に生き平和で民主的な国家・社会を形成する日本国民として必要な自覚と資質を養う」こととなっている。

　「国際社会に主体的に生きる」こととは，日本の国民が国際機関やNGOなどで，世界で活躍していくこと。例えば，カメラマンとして世界各地の状況を知らせること。国際海外協力隊として，灌漑施設をつくる，日本語を教える，難民キャンプで医療活動に加わるなど，世界各地の人々の生活に役立つ仕事をすることと考える。

　「平和で民主的な国家・社会を形成する」こととは，世界平和の実現に向けて行動したり，男女参画社会を進めていくこと，格差社会をなくすよう工夫を考えるなど，世界の人々が「安心・安全」に暮らせる社会の実現を目指すことと考える。

　私は，社会科教師として，近年特に意識して授業していこうと思っている項目がある。それは，①アイヌと北海道開拓史，②沖縄の歴史，③首都圏の建造物・構築物の歴史的意義，④豊かさとは何か，経済成長至上主義を考える，⑤平和の構築のために人類は何をなすべきか，の5点である。

　この点を特に意識しながら，そして，毎年の意識するテーマ，研究テーマも大切にしながら，「日々の授業」準備をしている。

　こうした，問題関心を持って過ごしていると，関心を持ったことの情報が入りやすいし，気づきやすい。そうして得た情報は，新聞情報ならば切り取りして紙・ノートに貼る。書籍の場合は，なるべく購入する。講演会・研究会であれば，出席する。こうして，問題を考えていく。

2 教師としての資質を向上させる本を読む

　「今，何を読んでいるの」と，会うたびに声をかけて下さる，元同僚の草川剛人先生。つねに，「自宅の書斎，リビングの机」「職場の机」「鞄の中」に本を用意して，とにかく「本」を読むことを勧めて下さった。

先生が，仕事帰りに「喫茶店」(行きつけが数軒ある)で，1冊の本・雑誌・論文を読みきってから，自宅へ帰るということを聞いて驚いた。そこまでして本を読み込んでいくのが一流の教師である。

　私は，「新書」が好きで，たくさん購入している。その中から2冊紹介したい。なお，授業でも「新書を読む」という講座を都合4年行っている(2009年度・2011年度・2012年度・2016年度)。

[１] 内田義彦(1913-1989)『社会認識の歩み』(岩波新書，1971年)

　同書は，内田氏が，「岩波市民講座」で講義した内容を著したものである。氏は社会思想史を専攻しており，「本の読み方」を軸にして問題に迫っていく。「社会を認識」する方法を模索してゆく作業の中で，どう生かしていけばいいのかを考えていく。

　その方法は，最初に問題の所在と話し方の説明，ついで社会科学の歴史のいくつかの結節点を代表する本を読む。そして，現代に戻るという順序である。その際，社会科学の歴史を見る場合，「問題視角」に対応し3つの軸を置く。

① 社会科学の歴史上の結節点を，一人ひとりの人間の中で社会科学的認識が成長してくる結節点と対応させて考える。

② 社会科学の深まりを，社会を成して存在する個体の自覚の深まりと対応させて考える。

③ 上記の①②で見た意味での社会科学的認識の成長の結節点にこれまた対応させながら，本の読み方自体，比喩的に言えば，点，線，面というふうに，まず断片を断片として読むことから始めて，その都度力点を意識的に変え，古典が現代のわれわれに語りかける諸相を漸次立体的に読み取る実験を進めていく。

　第Ⅰ部「社会認識を阻むもの」では，学問が手段化されていることに警鐘をならす。学問は，自己目的であってはならないけれども，単なる手段であってもならない。学問の自己目的化と手段化という難問は，社会を成して生きている個々の人間と社会とがどうやって関わっているか，どう関わるべきかというところと深いところで結びついている。人間は孤立した存在ではないけれども，集団の単なる構成要素でもなく，一人ひとりの人間が学問的思考を有効に身につける意味がそこにあるという。そして，「歴史認識」と「現代認識」とはどこか

で結びつかなければならず，歴史から何をどう読み取ってゆけばいいのかが問題となる。

その課題を受けて，第Ⅱ部では「社会認識の歩み」として，マキャヴェリ，ホッブス，スミス，ルソーなど社会科学史の結節点に位置する先人たちの知的遺産を読み解く試みを通して，一人ひとりが自らのうちにどのように社会科学的認識の「芽」を育てていくべきか，読者とともに模索していく。

いつの時代も人間は，一人ひとりが，社会とのいろいろな関わり合いの中で歩んでいる。社会をどのように見るか，いつも問われている。内田氏は「本が面白く読めたというのは，本を読んだのではなく，本で世の中が，世の中を見る自分が読めたということ」「世の中を読むという操作のなかではじめて本は読める」と述べる。社会科学的認識の芽が育っているのを阻止する「何か」が世の中にあり，その「何か」を個々に考えさせていく契機となる本である。

つまり，本を通して世の中を知り，世の中を通してその経験を糧に本を知る（読める）ということだと言える。世の中を深く知るために本を読むのである。

[２] 大塚久雄(1907-1996)『社会科学の方法　ヴェーバーとマルクス』(岩波新書，1966年)

大塚氏は，西洋諸国における近代資本主義と市民社会の形成過程に関する研究に取り組み，その理論は「大塚史学」と呼ばれている。マックス・ヴェーバーの『プロテスタンティズムの倫理と資本主義の精神』(岩波文庫，1989年)を翻訳している。前述の内田氏が，大塚氏のことを「読み上手。本から読み取るのが実にうまい」と評している。

さて，『社会科学の方法』は，「社会科学における人間の問題」を考察していく。人間の営みにほかならない社会現象を対象とした場合，自然科学と同じような意味で，科学的認識は果たして成り立つのか。もし，成り立つのであれば，どのような意味においてか。こうした問題に正面から取り組んだ典型的事例として，「マルクス(1818-83)」と「ヴェーバー(1864-1920)」を取り上げ，両者の解決の仕方を比較対照していく。

まず，マルクス経済学の場合，経済学の認識対象となるものは，他ならぬ生きた人間諸個人である。経済学の認識対象は，社会を成して生産しつつある生きた諸個人で，それぞれが自分の意志をもって目的を設定し，手段を選択して多かれ少なかれ絶えず決断をしながら行動している。諸個人は，自然成長的分

業の中で，さまざまな生産部門を担当しながら，「共働」によって経済を成り立たせていると考える。

　社会全体として，いろいろな人がいろいろな生産部門に所属して，さまざまなものを生産して社会全体の欲求を満たしていく。その基盤が，自然成長的な分業である場合には，個々人の営みはまったく私的なものとして行われていく。この営みの「公的」な機能は，需要と供給が押し合い圧し合いする市場（交換過程）の中で，実証されることになる。個々の生産力の総体が，社会の生産力を形づくるが，その成果である生産物が，人間自身からまるで独立してしまう。そして，人間の力ではすぐさまどうすることもできないようになってしまう。経済現象というものは本来，人間諸個人の営みであり，その成果であるにも関わらず，それが人間諸個人と対立して，自然と同じように，それ自体頑強に貫徹する法則性を備えた客観的な運動として現れてくる。それをマルクスは人間の「疎外」といった。

　マルクスは『資本論』を著したが，副題を「経済学批判」としている。それは，「疎外」現象のなかを動きまわっているだけの経済学を批判して，経済の主体が他ならぬ人間であることを明らかにすることが自分の意図であり，そうした意味が「経済学批判」という表題にこめられたと大塚氏は想像した。マルクスによると，自然成長的な分業に由来する疎外現象の結果，人間自身がつくり出した社会の生産力が，人間自身から離れ，個人の力ではどうにもならないような，客観的過程と化して，そうした「もの」が，人間を支配するようになっているという。この疎外あるいは物化の状態から人間を救い出さなければならないと考えた。疎外・物化という状態は，言うまでもなく，人間にとっては「自由の喪失」に他ならない。

　そして，「自由の喪失」を招来する分業関係は，資本主義社会において最高度に達すると考え，資本主義社会は，歴史上人間の自由の最も失われた時代だと考えた。資本主義社会は，たしかに人間諸個人を，原生的な共同組織を基礎とする伝統的な社会の束縛から解放するが，資本主義のもとにおいて，諸個人の自由な発展と運動は自然成長的分業の偶然性に委ねられてしまう。そのため，現実には「不自由」になってしまう。

　疎外のもとにある経済生活，人間の社会生活は，経済以外の文化諸領域にも足をつっこんでおり，それからも影響を受けている。マルクスはそれにもかかわらず，人間の社会生活の歴史が結局，外的つまり経済的利害状況によって大き

く軌道づけられていると考え，そうした文化諸領域を経済構造の上に構築された「上部構造」と呼んだ。「上部構造」は，経済的な基礎から根底的な制約を受けているということがつねに強調された。しかし，「上部構造」の運動の「固有な法則性」それ自体については，積極的に何も言われていないと大塚氏は思った。

そこで，マックス・ヴェーバーの社会学における問題提起と，その方法に大塚氏は興味を持つことになった。ヴェーバーの社会学の場合にも，認識の対象となるのは，社会を成して生活している生きた人間諸個人である。社会現象を認識の対象とする場合，単なる経験的な規則性の知識だけではなく，そこに生きた人間の行動（動機）の意味解明による理解という手続きを組み合わせることを考えた。

ヴェーバーは，第1に，自然科学及び社会科学双方に共通な「科学的認識」の二途を挙げる。つまり，①普遍的に妥当する法則の追究と，②法則的知識を手段として行われる普遍的な意義を有する個体の追究。この二途では，ひとしく因果性の範疇を用いつつも，現実の質を取り扱う社会科学では当然，②が優位を占める。それは，対象が，「人間の営み」たる社会現象であるからであるとする。

第2に，動機の意味解明による理解，つまり目的論的連関の因果連関への組みかえ。これは，「人間の個性的な行為」は，科学的認識において，そうした因果連関の追究をあいまいにし，困難にするものではない。逆に，その動機の主観的に思われた意味を解明することによって，内面的に理解が可能であるために，「個性的な自然事象」よりも，かえって原理的に非合理性が少なく，したがって，いっそう的確に，その具体的な因果連関を追究することができる。こうして，「社会現象」を対象とする科学的認識が可能となるとされる。

第3に，歴史における理念と利害状況の相関，つまりヴェーバーの場合，社会認識の根拠を，上記のようにとらえることに照応して，「歴史のダイナミックス」は，理念と利害状況の相関としてとらえられることになる。ヴェーバーはこの点を以下のように述べる。

> 人間の行為を直接に支配するものは，理念ではなくて，「利害」である。しかし，理念によって作られた「世界像」はきわめてしばしば，転轍手として軌道を決定し，その軌道にそって利害のダイナミックスが人間の行為を動かしてきた。

ヴェーバーは，社会科学認識の成立根拠の場合にも，「歴史観」の場合にも，

対象として「2つの眼」でもって社会現象を見ていく。対象を2つの眼でとらえていくというのが，ヴェーバーの「社会学」的方法の特徴であった。複眼的視角を用いて，対象を見ていく。

　ヴェーバーは，マルクスのように単に経済的利害の社会的なあり方による規定だけを一方的に強調することはしない。「歴史」というものを理念と利害状況の両者の相関と緊張の過程としてとらえる。つまり，ヴェーバーは，「歴史」をたえず左右両眼で見ていく。そこで，ひとまず一方では「利害状況」の側から，同時に他方では「理念」の側から，歴史の因果関係を追究し，両者を合わせて，歴史の個性的な経過が十全にとらえられるということになると考えた。

　ヴェーバーの「社会学」は，マルクスの理論を否定したというよりは，それを相対化しつつ，摂取して，その認識の視野を広めることに貢献した。そして，ヴェーバーの場合には，その独自の科学方法論によって理論的視野が「経済」を越えて，さまざまな「文化諸領域」にまで及び，それによって各文化領域における社会現象のそれぞれに「固有な法則性」を把握する可能性を作り出したのであった。

　マルクスの『資本論』，ヴェーバーの『職業としての学問』『プロテスタンティズムの倫理と資本主義の精神』を読み，その画期的な論考を熟読していきたい。その際，『資本論』に関しては，佐藤優氏が薦める，宇野弘蔵『資本論に学ぶ』（ちくま学芸文庫，2015年）や，ヴェーバーに関しては，姜尚中氏の『マックス・ウェーバーと近代』（岩波現代文庫，2003年）も参考になる。

3　新書を読む

　岩波新書（1938年〜）・中公新書（1962年〜）・講談社現代新書（1964年〜）の3つの従来からある新書は是非，書店・図書館で手にしたい。くわえて，大きな書店に行けば，取り扱う新書は20社を優に超える。集英社新書・PHP新書・新潮新書・NHK新書・朝日新書・角川新書・ちくま新書・平凡社新書などである。

　新書は，200〜300ページで書かれており，内容も「現在（今）」の社会の問題をタイムリーに取りあげているものや，国際文化，日本文化の神髄を味わえるものなど，多岐にわたっている。予備校講師の金谷俊一郎氏は，書店にいくと，新書の書棚にいき「眼をつぶって，手で探り当てた本」を購入するそうである。

そのようにして，普段関心のなかった分野の本を読み，教養を深める方法もある。

私が新書という存在を初めて知ったのは，1983(昭和58)年の高校1年生のときである。当時の担任であり，現代社会を担当していた坂本満先生が，授業のテキストとして用意した新書からコピーした文章を読んだことである。また，坂本先生自身も新書を高校時代に担当の教師から勧められたということである。

そして，浪人していた際に，『知的生産の技術』(梅棹忠夫，岩波新書，1969年)，『知的生産のヒント』(渡部昇一，講談社現代新書，1976年)を読んだ。本格的に新書を読んだのは，大学時代に教職課程の授業で課題図書となった『社会認識の歩み』(内田義彦，岩波新書，1971年)，『歴史とは何か』(E.H.カー，岩波新書，1962年)であった。

さて，新書をはじめ本を読む機会として，「同僚と読む機会」と「生徒と授業で読む機会」について述べていきたい。

[1] 同僚と「読書会」を通して読む

私は，職場の社会科教師とともに，2007年9月4日から「読書会」を続けている。現在(2016年8月)までで，合計38冊をみんなで読んだ。

読書会を始めたきっかけは，当時の先輩教師が勧めてくれたためである。若手の教師として，これだけは読んでいた方が良いと思われる書籍を紹介して下さり，1冊ずつ読んできた。現在は，順番で，気になっている本や，読んで興味深かったので，みんなで考えたい・共有したい本などが選ばれている。

月に1回を目標にしているが，なかなかそこまでは，難しい。

そして，各自が「読書メモ」を書いて，それを人数分コピーして配付して，順番に「感想」を述べていく。

本の中の同じ記述に，言及する場合もあれば，人によって異なる観点・視点から本を読んでいることがわかったりするなど，充実した時間となっている。

参考までに，読んだ本のリストを挙げておく。

社会科読書会(2007〜)

回	年月日		タイトル	著作者
1	2007	9／4	『職業としての学問』岩波文庫(1936)	マックス・ウェーバー，尾高邦雄訳

2		10／2	『清貧の思想』文春文庫(1996)	中野孝次
3		11／6	『私にとっての20世紀』岩波現代文庫(2009)	加藤周一
4		12／11	『手紙，栞を添えて』朝日新聞社(1998)	辻邦生，水村美苗
5	2008	1／15	『輝ける闇』新潮文庫(1982)	開高健
6		2／12	『裏日本　近代日本を問いなおす』岩波新書(1997)	古厩忠夫
7		4／15	『隠者の夕暮・シュタンツだより』岩波文庫(1982)	ペスタロッチー，長田新訳
8		5／20	『フランス革命期の公教育論』岩波文庫(2002)	コンドルセ，阪上孝編訳
9		7／15	『学問のすゝめ』岩波文庫(1942)	福沢諭吉
10		9／2	『福沢諭吉と中江兆民』中公新書(2001)	松永昌三
11		10／7	『三酔人経綸問答』岩波文庫(1965)	中江兆民
12		11／25	『社会契約論』岩波文庫(1954)	ルソー，桑原武夫・前川貞次郎訳
13	2009	1／13	『プロテスタンティズムの倫理と資本主義の精神』岩波文庫(1989)	マックス・ヴェーバー，大塚久雄訳
14		2／24	『こゝろ』岩波文庫(1927)	夏目漱石
15		5／12	『忘れられた日本人』岩波文庫(1984)	宮本常一
16		6／30	『絵巻物に見る日本庶民生活誌』中公新書(1981)	宮本常一
17		—	『アーロン収容所　西欧ヒューマニズムの限界』中公新書(1962)	会田雄次
18	2010	1／26	『宇宙からの帰還』中公文庫(1985)	立花隆
19		5／14	『狼なんかこわくない』中公文庫(1973)	庄司薫
20		8／28	『新しい「教育格差」』講談社現代新書(2009)	増田ユリヤ
21		10／29	『「分かち合い」の経済学』岩波新書(2010)	神野直彦
22		12／10	『日本の子どもと自尊心　自己主張をどう育むか』中公新書(2009)	佐藤淑子
23	2011	3／24	『ものがたりの余白　エンデが最後に話したこと』岩波現代文庫(2009)	ミヒャエル・エンデ，田村都志夫訳

24		6／29	『歌う国民　唱歌，校歌，うたごえ』中公新書(2010)	渡辺裕
25		10／19	『原発報道とメディア』講談社現代新書(2011)	武田徹
26	2012	5／28	『世界の教科書でよむ〈宗教〉』ちくまプリマー新書(2011)	藤原聖子
27		10／29	『夢の原子力　Atoms for Dream』ちくま新書(2012)	吉見俊哉
28	2013	5／27	『おどろきの中国』講談社現代新書(2013)	橋爪大三郎，大澤真幸，宮台真司
29		10／28	『出雲と大和　古代国家の原像をたずねて』岩波新書(2013)	村井康彦
30	2014	1／20	『(株)貧困大国アメリカ』岩波新書(2013)	堤未果
補		5／26	『「幽霊屋敷」の文化史』講談社現代新書(2009)	加藤耕一
31		5／26	『グローバリゼーションの中の江戸』岩波ジュニア新書〈知の航海シリーズ〉(2012)	田中優子
32		9／8	『シティズンシップ教育のカリキュラム開発』東京大学大学院教育学研究科小玉研究室(2014)	研究代表者小玉重夫
33	2015	2／23	『織田信長』ちくま新書(2014)　『織田信長〈天下人〉の実像』講談社現代新書(2014)	神田千里　金子拓
34		5／13	『アホウドリを追った日本人　一攫千金の夢と南洋進出』岩波新書(2015)	平岡昭利
35		11／11	『はじめての政治哲学　「正しさ」をめぐる23の問い』講談社現代新書(2010)	小川仁志
36	2016	02／24	『がちナショナリズム　「愛国者」たちの不安の正体』ちくま新書(2015)	香山リカ
37		05／17	『希望のつくり方』岩波新書(2010)	玄田有史
38		07／12	『古代東アジアの女帝』岩波新書(2016)	入江曜子

［2］生徒と読む

　現在の勤務先(東京大学教育学部附属中等教育学校)では，3，4年生(中学

3年生，高校1年生)の合同で行う課題別学習という必修科目がある。課題別学習は，いわゆる総合学習であり，「自然・環境」「人間・社会」「科学・産業」「創作・表現」の4つの領域に分かれている。私はその中の「人間・社会」領域で「新書を読む」という講座を現時点で4回開講した。

　1回目は，2009年度で暉峻淑子『豊かさとは何か』(岩波新書，1989年)，E. H. カー『歴史とは何か』(清水幾太郎訳，岩波新書，1962年)，丸山真男『日本の思想』(岩波新書，1961年)の3冊を読んだ。

　2回目は，2011年度で人口減少社会と豊かさをテーマにして松谷明彦・藤正巌『人口減少社会の設計』(中公新書，2002年)，暉峻淑子『豊かさとは何か』(2回目)，『豊かさの条件』(岩波新書，2003年)の3冊を読んだ。

　3回目は，2012年度で原子力発電をテーマにして外岡秀俊『3.11複合被災』(岩波新書，2012年)，今井一『「原発」国民投票』(集英社新書，2011年)，吉見俊哉『夢の原子力』(ちくま新書，2012年)の3冊を読んだ。

　4回目は，2016年度で「幸せを考える」をテーマに玄田有史『希望のつくり方』(岩波新書，2010年)，神野直彦『「分かち合い」の経済学』(岩波新書，2010年)，宇沢弘文『社会的共通資本』(岩波新書，2000年)を読んでいる。

　この授業は，午後の5，6時間目に行われるが，5時間目の50分で，新書の指定箇所(だいたい1章分で30～40ページ)を読む。ひたすらに読む。その際に，サイドラインや附箋をつけさせる。そして，6時間目の50分で，はじめにB5判サイズの無地の紙を配付して，紙に以下のことを書かせる。

　本のタイトルと章の名称(ページ)，日付，学年クラス番号氏名。そして，次に，「1．わかったこと」「2．疑問点」「3．考えたこと・伝えたいこと」を記入させる。ここで，だいたい20～25分。のこりの，25～30分で，参加者が1人ずつそれを順番に話していくというスタイルである。最後に，私もコメントを述べる。ここで，生徒は，「本を読む」ということを覚えるようである。ここで読んだ本がきっかけで，6年生(高校3年生)の「卒業研究」(40字×40字の原稿用紙10枚以上の論文作成)のテーマを決めた生徒もいる。また，書店で「新書」を買うようになったという生徒もいて，教師として嬉しい限りである。

4　年度末の引継ぎの会

　現在の勤務校の良さは，毎年度末に「引き継ぎ」の会を実施していることであ

る。個々の教師が1年間の授業を報告し，次年度の教師に学年を引き継いでいくのである。「引き継ぎ」の資料作成がまた良い。①自分自身の1年間の授業を振り返ることができる，②自分自身の反省ができる，③良い記録となる，というメリットがある。

個人の教師で毎年を振り返ることはあるが，このように教科のメンバー全員で振り返る時間を共有できることは幸せである。

良き情報交換になり，お互いの授業のアイデアを直接聞くことができ，自分自身の今後の授業の「ひらめき」が多々生まれる。

また，終了後は，食事会をして親睦を深めている。

5 現地を訪れる

現地を訪れることは大切である。本の中だけでなく，実際に現地に行くことで，現地の雰囲気を知ることができる。現地の人と会話を交わすことで今まで知らなかったことを知ることができる。現地のおいしい名産品，郷土料理を食べることもできる。

2010(平成22)年10月1日，平泉を訪れた。柳の御所，中尊寺金色堂の大きさを知る。北上川の岸上に立つと，松尾芭蕉が「夏草や　兵どもが　夢のあと」と句を詠じたことも，「肌で」感じることができる。毛越寺(「もうつうじ」と呼ぶことを，しっかりと確認できた)は，浄土の庭園であること。平泉を自転車で移動することで，ここが，藤原氏が100年の「栄華」を築いた東北の都であるということを感じることができる。

2012(平成24)年11月1日，秩父を訪れた。いわゆる「秩父事件」の現地の史跡をまわる。数千人が集まった「椋神社」，ここに山里から農民が集まったことを理解した。盆地には「桑畑」があり，山の斜面に面してできている。田は少ない。そんな土地で，養蚕を生活の糧としていた人々。生糸の値段の暴落で生活が苦しくなったことを想像してみる。

時間がゆるす限り，全国あちこちへ旅するのは興味深いことである。

第12章

歴史学と歴史教育の未来

21世紀になり，17年が経つ。2016(平成28)年にはリオ・オリンピックが開催された。205の国・地域から，約１万1000人の選手が参加した。また，初の難民選手団も結成された。日本からは338人が参加し，金・銀・銅合わせて過去最高の41個のメダルを獲得した。インタビューで各国の選手は，「世界の平和」を願うというコメントを随所で述べていた。それは，まだ地球のあちらこちらで，紛争が起きているからだ。紛争がある限り，軍需産業が成立していく。平和論の古典的名著である『永遠平和のために』(カント〈1724-1804〉)が世に出たのは，1795年である。人類の理想である世界の恒久平和の理念。人間一人ひとりが平和を考えることの大切さ。これは，いつまでも読まれ続けるべき書物である。

　さて，歴史学と歴史教育の未来は，今後どうあるべきかを，以下考えていきたい。学問の基礎は，「真理の追究」である。そして，人間がみな，「幸福」に生きていくことのできる社会を形成すること。歴史教育の歴史を概観し，これまでの歴史教育の果たしてきた役割を振り返る。そして，現在の歴史教育の課題を検討し，こうした基本の理念の軸はぶらさずに，歴史学と歴史教育のこれからの道を見ていく。

1 社会科・歴史教育の歴史

　終戦(敗戦)後，戦時中の教育を廃止する目的で，1945(昭和20)年12月31日にGHQから指令が出された。それが，「修身，日本歴史及び地理停止に関する件」であった。この指令により小学校の歴史の授業は停止され，教科書は回収された。歴史の授業を再開するために，新しい教科書を作成し，GHQへ提出しなければならなかった。

　文部省は，新任の教科書編集官を選定し，改訂歴史教科書を作成した。神話や忠勇の偉人の話を改め，人民を主とした歴史となる内容編成となった。しかし，GHQの担当者から，旧来の叙述が多く，短期間にこれを編集することは難しいと判断された。その結果，文部省外の国史学者を集めて改めて編集を委嘱することとなった。1946(昭和21)年５月から４人の歴史学者(古代・平安が家永三郎，鎌倉・室町が森末義彰，江戸が岡田章雄，明治以降が大久保利謙)

によって執筆された。

そして,『くにのあゆみ』(上・下)が同年9月10日に発行された。このときの「時代区分」は,大和・飛鳥・奈良・平安・鎌倉・室町・安土桃山・江戸・明治・大正・昭和の11の時代に区分された。同書の冒頭「歴史のはじめ」では,旧石器時代と貝塚について述べており,「神代」の教材を歴史教科書の内容から排除したのは,明治20年代以来のことである。

新たな視点として,「社会経済史」の内容が各時代に何らかの形で加えられた。「都と地方」「生活の変化」「商業の発達」「江戸と大阪」「武士と農民」などの項目で記述された。「人民に眼を向けた」教材となっているのが特徴である。

1946年3月に,アメリカ教育使節団が来日した。その報告書に従来の修身・地理・歴史などは極端な「国家主義」「軍国主義」を教える内容が含まれていたので,これを刷新する目的で新しい学科を設定することが促された。民主主義の精神を取り入れた内容の学科「社会科」の新設である。そして,歴史教育は,「社会科」の中に新しい形として総合されるようになった。

高等学校の科目の変遷

1947年	一般社会,東洋史,西洋史,人文地理,時事問題
1949年改訂	一般社会,国史(日本史),世界史,人文地理,時事問題
1951年	一般社会,日本史,世界史,人文地理,時事問題
1955年	社会,日本史,世界史,人文地理
1960年	倫理社会,政治経済,日本史,世界史AB,地理AB
1970年	倫理・社会,政治・経済,日本史,世界史,地理AB,
1978年	現代社会,倫理,政治・経済,日本史,世界史,地理
1989年	公民科…現代社会,倫理,政治・経済 地理歴史科…日本史AB,世界史AB,地理AB
1999年	公民科…現代社会,倫理,政治・経済 地理歴史科…日本史AB,世界史AB,地理AB
2009年	公民科…現代社会,倫理,政治・経済 地理歴史科…日本史AB,世界史AB,地理AB
2022年予定	公民科…公共,倫理,政治・経済 地理歴史科…歴史総合,日本史探究,世界史探究,地理総合,地理探究

1947(昭和22)年の「社会科」の誕生は,従来の暗記型の学習から,「問題解決」への変化をねらいとするものである。高等学校は,1948(昭和23)年に新制の高

等学校となった。当初東洋史・西洋史であったが，1949(昭和24)年に「世界史」が誕生した。1951(昭和26)年には，日本史の特殊目標で「日本の社会は概括的にみて，原始社会・古代社会・封建社会を経て近代社会へと発展し，それぞれの社会は本質的に相違することを理解する」と指摘されている。歴史は「発展」するという歴史観である。1955(昭和30)年の中学校の歴史的分野の具体的目標に「神話・伝承などを学問的に理解し，そのような資料の科学的取扱いを通して，歴史の理解に資する態度や能力を養う」とあり，戦後初の学習指導要領で言われた「批判的な態度」といった扱いに変化が生じている。

1958(昭和33)年の改訂にあたり，学校教育法施行規則が改正され，学習指導要領は文部省告示として公示されることとなった。

1960(昭和35)年の改訂で「社会」が，「倫理社会」「政治経済」と分かれた。科目による学年での学習指定が復活し，1年次の地理，2年次の世界史，3年次の日本史が履修科目となり，2年次では倫理社会・政治経済が必修科目となった。

1970(昭和45)年の改訂で，地理・日本史・世界史は選択科目となり，負担の軽減がなされた。また，特筆すべきは，「文化の総合的な学習を中軸とする日本史の学習」こそが高等学校での基本的な性格と主張されている点である。「文化」が，部門史としての文化ではなく，民族の生活・行動様式としての文化であるとする。

1978(昭和53)年の改訂で，「現代社会」が創設され，1年次必修科目となった。この科目だけが社会科では必修科目となる。

1989(平成元)年の改訂では，社会科が再編され「公民科」(現代社会，倫理，政治・経済)と「地理歴史科」(日本史，世界史，地理)に分離した。世界史が必修科目となった。

1998(平成10)年の改訂では，2002(平成14)年度から完全実施される「学校5日制」に対応して「生徒の興味・関心を生かして学習できる」ことに対応するため，学習内容の「精選」が企図された。「ゆとり教育」の中で，「生きる力」を育むことが目標であった。しかし，「学力低下」論が広まり，2003(平成15)年の一部改正で学習内容は実質的に復元されることとなった。

2009(平成21)年の改訂で，「知識」「技能」「思考」「判断」「表現」の能力をバランスよく育み，現代における諸問題に対応できる力をつけていくことも目標とされた。シティズンシップ教育などの観点も重要となった。

そして，2017年の改訂(2022年実施予定)では，2016年から始まった18歳選挙

権や近現代史重視の流れを踏まえて，地理歴史科では「歴史総合」「地理総合」が，公民科では「公共」が必修科目として誕生する。「歴史総合」は，現行の日本史Ａと世界史Ａを融合させた科目で，近現代史を中心に学ぶ。「地理総合」は，各国の地域の実情や，環境問題，防災，国際協力のあり方なども学ぶ。「公共」は，選挙権年齢の引き下げや政治参加意識を育むことなど，現代社会の諸課題をとらえ，他者と協働しつつ国家・社会の形成に参画し，持続可能な社会づくりに向けて必要な力を育むことが目標となっている。

2　現在の歴史教育の課題

　1991（平成３）年に「湾岸戦争」が勃発した。イラクがクウェートに侵攻して始まった紛争は，アメリカの介入により，国連の多国籍軍の導入が決定された。当時の日本は，集団的自衛権の行使は不可能であり，日本は，「人は出さずに，金だけを出す」と，多くの国から批判された。このあたりから，地球上の紛争に関して，紛争当事国以外の国がどのようにかかわっていけば良いのかが議論されるようになる。

　『歴史評論』2016年３月号では，特集「安倍政権の教育政策と歴史教育の未来」というテーマで，５人の論者が執筆している。佐藤学「安倍政権の教育改革と政策の特徴」，世取山洋介「新自由主義教育改革の新段階と教育人権」，小国喜弘「歴史教育の改めての危機」，今野日出晴「アクティブ・ラーニングという眩惑」，加藤圭木「歴史修正主義と教科書問題」である。ここでは，小国氏の論文から「現在の歴史教育」の課題を考えていきたい。

　小国氏は，第２次安倍晋三政権の教育改革の中で，歴史教育に対して変更が加えられていることを危惧する。すなわち，歴史教育が提供し得る日本史像が，ますます周辺諸国民にとって容認し得ない，さらには日本国民を含む，日本国内に居住する人々の中にすら違和感を覚える人の存在が容易に想定し得るような，一種独善的なものとなりつつあると指摘する。バランス良く教えられる教科書となるように，検定基準を見直す。例えば，通俗的な見解がない場合や，特定の事柄や見解を特別に強調している場合などに，よりバランスの取れた記述にするための条項を新設・改正する。これは，「南京大虐殺」「慰安婦」のことを念頭に置いているとされる。歴史教育を再生させるために，小国氏は，「求められることは，普通教育としての歴史教育を改めて構想する中で，国民教育

や道徳教育としての歴史教育を相対化していくことにあるように思われる」と述べる。そして，かつて1942(昭和17)年に羽仁五郎が『学芸小国民』(1942年5月号)にのせた「歴史家の苦心」を紹介する(『羽仁五郎歴史論著作集』第2巻，青木書店，1967年)。

　歴史の教育のたいせつな目的の一は，そしてまた，諸君が歴史を勉強するのは，それによって，諸君が毎日の新聞を読むとき，今日，わが日本はどういう状態にあるか，世界は今どうなっているか，についてたしかなことを判断し，それからわが日本の明日または世界の明日はどうなるであろうか，自分たちはそれをどうしたらよいのか，ということを考えることができるためである。

　私の授業での生徒の感想で，「今の日本で起きていることは，過去の出来事を学んだことで，よく理解できた」というものがあり，歴史を学ぶことで現在を知ることを実感していた。「未来を考える」ためにも，歴史を学ぶことは大切なのである。

　また，小国氏は「歴史の授業をどうするか」について，公共的な空間は，立場の異なる多様な人々の共生によって成立するのであるとすれば，教室でも多様な歴史像・多様な歴史観が子どもたちに提示されていることが望ましいと述べる。そして，歴史教師として重要なのは，同じ史実に対する異なった解釈に子どもが出会う機会を極力提供することであり，さらにそれぞれの解釈を支持する人たちが現在の政治や社会について異なった見解を抱いていることに気づけるような工夫をこらすことであろうという。

　実際，2016(平成28)年時点の日本で暮らす外国人は，211万人を超えている(100万人を超えたのが1990年，200万人を超えたのが2005年：法務省「在留外国人統計」〈2012年12月〉)。これは，全人口の1.6％であり，1000人いたら16人が外国人である。地域によっては，その比率は高くなる。1つの教室に，日本国籍以外の生徒がいることは多分にある。そうした中で，「日本史」の授業を展開していくには，説明する際の「ことば」の使い方に十分配慮する必要もある。例えば，私は，授業では「私たち日本人は…」「みなさんは日本人として…」といった表現は使わないようにしている。かわりに，「日本に住む私たちは…」という表現にして語るようにしている。「韓国併合」の授業でも，日本が朝鮮半島を併合(植民地)していったことを説明したあと，朝鮮半島の人々にとっては，「日帝の侵略」であったことを伝えている。繰り返しになるが，小国氏が述べるよ

うに，「歴史教師として重要なのは，同じ史実に対する異なった解釈に子どもが出会う機会を極力提供すること」と，「さらにそれぞれの解釈を支持する人たちが現在の政治や社会について異なった見解を抱いていることに気づけるような工夫をこらすこと」といった配慮が授業の中で必要なのであろう。

3 北海道の歴史と沖縄の歴史の位置

　日本史の教師として，日本の歴史を生徒と共に学んでいる。そこで，26年間過ごしてきた中で，最近(2013年から)考えているのが，「北海道」と「沖縄」の歴史である。ともに，「日本」へ組みこまれていったという歴史をたどっている。そのことを踏まえた授業をしていかないと，現在もまだ，解決しない問題があることの本質を理解することはできない。

[1] 北海道の歴史を学ぶ

　蝦夷地として，「日本史」の教科書に出てくる「北海道」。北海道の歴史を学ぶには，「アイヌ」と「開拓」の両面から学ぶことが大切である。アイヌについて，考えていきたい。

　1899(明治32)年に制定された「北海道旧土人保護法」がようやく廃止されたが，それは，20世紀の終わりの1997(平成9)年に制定された「アイヌ文化振興法」による。1930年代から1970年代にかけて北海道大学(北海道帝国大学)医学部の研究者たちが，北海道内で，アイヌの墓地を掘り返し，大量の人骨や副葬品を「研究」のために持ち帰った。北海道大学の調査で同学内の「アイヌ納骨堂」には，1000体以上の遺骨が保管されていた。個体ごとに特定できないものも484箱ある。そのうち12体の遺骨が，「コタンの会」に引き渡された。2016年7月15日のことである。そして，約100人の参列者(アイヌを含む)たちは，アイヌプリ(アイヌの流儀)で再埋葬の儀式を行ったのであった(『週刊金曜日』2016年8月26日，1101号「特集アイヌ民族」より)。

　また，2007(平成19)年に「先住民族の権利に関する国連宣言」を日本も採択した。この宣言は，差別からの自由，伝統的文化・習慣，教育に関する権利などのほか，政治的な自決権や土地・資源の管理権などに及ぶ先住民の権利にふれて，それを国内法で決めるようにと定めてある。そして，翌2008(平成20)年には，「アイヌ民族を先住民族とすることを求める決議」は，衆参両院とも「全会

一致」で可決した。こうした中，アイヌに対して，生活向上の施策，文化振興策が提起されている。現在，白老町にはアイヌ民族博物館がある。2020年には「民族共生の象徴となる空間」施設が開設される。その「民族共生象徴空間」という国立の施設内に国立アイヌ民族博物館が建設される（アイヌ民族博物館は，アイヌ文化振興・研究推進機構と統合して2020年に開設する国立アイヌ民族博物館の運営主体として活動する予定である）。白老から世界へアイヌ文化を発信する動きも注目される。北海道大学には，「アイヌ・先住民研究センター」があり，研究が行われており，また，市民への開放講座も充実している。21世紀になり，ようやく「アイヌ」の歴史も重視されるようになってきた。さらに，札幌市郊外の野幌森林公園の原始林に隣接して，2015（平成27）年4月に「北海道博物館」が開設された。これは，従来の「北海道開基100年」記念として1971（昭和46）年に開館した「北海道開拓記念館」と「北海道立アイヌ民族文化研究センター」が統合してできたものである。北海道開基100年という位置づけは，1869（明治2）年に「開拓使」が設置されて，蝦夷地の「開拓」から1世紀という意味であった。蝦夷地は，もともと「アイヌ」の土地「アイヌモシリ」であった。

　北海道というと「開拓」の歴史に重きが置かれていたが，これからは，「開拓」と「アイヌ」の両方の歴史を見ていくことで，現在の北海道を理解することができる。

［2］沖縄の歴史を学ぶ

　沖縄のことを考えるのは，現在を考えること。沖縄の基地の存在と，沖縄の経済を考える。そして，「平和」について考える。

　2016（平成28）年6月19日，東京の高校生が企画したイベント「小さき平和へのFLAG!」（東京国際フォーラム内の会場）に参加する機会を得た。

　高校3年生が中心となりプロデュースして，株式会社がちゅん（「がちゅん」とは，真剣に語り合うという意。沖縄の学生企業で平和学習などを提供）と共に沖縄戦の記憶を風化させないことを考えた。沖縄戦の当事者の語り部が少なくなる中，次世代の語り部へと引き継いでいけないだろうかという問題意識から，沖縄の大学生5人と東京近隣の中・高生約60人が「映像」と「沖縄の学生の平和への思い」を見聞きしながら，「ディスカッション」していった。

　株式会社がちゅんの代表（琉球大学学生）には，平和教育を真剣に考えるきっかけがあった。それは，「平和の礎」での出来事で，沖縄に来ていた修学旅行生

が，崖を見て，「あの崖は，戦争をあきらめて，人が飛び込んで死んでいった場所」と言ったことであった。そう言った学生は「ここで何があったのかを知らない」，対話したいと思ったそうである。そして，どうしたら沖縄のことを理解してもらえるのかを考え，「平和教育」ではなく「平和共育」，つまり「共に学ぶ」ことが大切と気づいた。フラットな気持ちで考える。「軍事産業」ではなく「平和産業」の沖縄にしたいと考えた。そのためには，「平和」と「戦争」を対比した場合，「戦争」とは「戦う・争う」という動詞であるのに対し，「平和」とは「平らか・和やか」という形容動詞である。これでは弱い。そこで，「平和する」という動詞にして行動を伴うようにしたいと思ったそうである。

　このイベントに参加して，東京近隣の中・高生たちが，沖縄の学生の話を真剣に聞き，「沖縄戦」の事実を知った。そして，自分たちにできることをしていこうと決意した意義は大きい。

　敗戦後，現在も，沖縄には米軍基地が存在する。新崎盛暉『日本にとって沖縄とは何か』（岩波新書，2016年）では，日本政府が，沖縄・辺野古に新たな米軍の巨大基地の建設を強行していることに際して，単なる基地の建設の問題としてではなく，戦後70年の日本，アメリカ，沖縄の関係史の「到達点」としてとらえ，沖縄，沖縄の人々が抱える「構造的沖縄差別」を克服するためには，どうしたら良いかを説いている。新崎氏は，岩波新書で沖縄関連の本を5冊出版している。1965（昭和40）年に中野好夫氏と共著で沖縄戦から20年の米軍政下の沖縄民衆の戦いを本土国民にも共有してもらいたいと，『沖縄問題二十年』を執筆した。その後，1970（昭和45）年の『沖縄・70年前後』では，沖縄返還に向かうせめぎ合いの動きをまとめ，1976（昭和51）年には沖縄返還に至る米軍政下の沖縄の戦後史を『沖縄戦後史』として総括した。そのような中，新崎氏は1974（昭和49）年に「沖縄大学」に招かれ，沖縄で生活するようになり，沖縄の地域住民の1人としてさまざまな文化運動にも参加する。そこで，1995（平成7）年の沖縄民衆の決起を渦中で体験することとなる。日米安保体制と沖縄民衆の闘いの歴史を1996（平成8）年に『沖縄現代史』としてまとめた。さらに，10年が経ち，9・11同時多発テロを受けたアメリカの「対テロ」戦争に伴う日米の米軍再編協議が進む中，2005（平成17）年には『沖縄現代史　新版』を出す。そこでは，「米軍再編協議を経て，日本はますます近隣アジア諸国から孤立し，これと対立を深めながら，超大国アメリカに寄り添い，沖縄を軍事的対立の最前線に置こうとしている。沖縄は，そして日本国民は，それを容認するのか，それとも拒否

するのか。いま，そのことが問われている」とあとがきで結んだ。また10年が過ぎ，沖縄は，それを「オール沖縄」で拒否した。沖縄とそれ以外の日本国民の間の溝。沖縄に住んでいない日本国民は，「沖縄のいま」「沖縄の現代史」をしっかりと学ばなくてはならない。

　生徒から，「沖縄戦」は，どのくらい教えてくれますか，と言われて教科書で3行の文章を，1945(昭和20)年の敗戦の過程で1時間の授業で終わらせていた自分自身を恥じた。その後，「沖縄戦」を考えるというテーマで3時間の授業をすることにした。それでも，もちろん足りない。「沖縄戦」を，「沖縄の歴史」に関心を持ち，各自で学んでいく契機にしてほしいと願うばかりである。

　冒頭でも述べたが，沖縄を考えることは，「現在の日本」を考えることである。そして，「平和」を考えることになる。沖縄の歴史は「日本史」の中でも軽視してはならない。

4　東アジアの中の日本というとらえ方

　「東アジア共同体」という言葉が登場したのは，1990年代であった。外務省から国連勤務，そして，OECD（経済協力開発機構）事務次長（日本人初）となった谷口誠氏が，「2020年の世界—新しいグローバル化時代に向けて」と題する世界経済の長期見通しに関する研究を行ったことから始まる。谷口氏は，21世紀の世界経済は，1980～90年代の日・米・欧の三極構造が崩れ去り，かわってEUとNAFTA，そして躍進するアジアによる三極構造が出現すると考えた。そこで，日本は過去のエリート意識を捨て，長期の経済停滞から脱するためにも，「東アジア経済圏」を構築し，ASEAN，中国，韓国と共に発展して，東アジア全体の発展と安定に貢献する道を進めるべきであるとも考えた。

　こうした，21世紀を迎える環境の中で，日本の「歴史認識」に関して，注目が集まった。2002(平成14)年から，日本・中国・韓国（北朝鮮は入っていない）の3国の研究者・市民・教師などによる「歴史認識と東アジアの平和」フォーラムが始まった。そして，2005(平成17)年5月にその成果となる『未来をひらく歴史　東アジア3国の近現代史』（日中韓3国共通歴史教材委員会編著）が上梓され，3国でそれぞれ発行された。

　このフォーラムでの報告と討論は，国境を越えた「東アジア史」とは何か，東アジア史を可能にするための各国における歴史教育・教科書の現状と課題を明

らかにするものであった。そして，平和に生きる権利＝平和的生存権とは何か，平和的生存権を考えるうえでの戦争被害者の人権の回復，平和な東アジア共同体の実現に向けて，戦争の記憶の継承と共有，歴史認識の大切さが明らかにされた。

　2009（平成21）年8月の総選挙で，自民党が敗れて民主党中心の連立政権が誕生した。首相となった鳩山由紀夫は，「東アジア共同体構想」を打ち出した。鳩山首相は，「東アジア共同体構想の実現に向けて」の講演で，「日本が，多くの国々，とりわけアジア諸国の人々に対して多大の損害と苦痛を与えた後，60年以上がたった今もなお，真の和解が達成されたとは必ずしも考えられていない」と述べた。日本とアジア諸外国が「和解」するために，日本はどのようにすれば良いのか。

　以下に，荒井信一氏の「歴史認識と東アジアの平和」フォーラムの8年間の論考を参照にして述べていきたい。

　2001（平成13）年に「新しい歴史教科書をつくる会」の発行した歴史教科書が検定に合格したことは，アジア諸国に大きな波紋を巻き起こした。その後，韓国では54の非政府組織が共同して，「日本の教科書をただす運動本部」を結成した。中国でも社会科学院近代史研究所，南京，盧溝橋などの記念施設関係に所属する「抗日戦」の専門家，教師たちは，日本で公然化した近現代史の歪曲に強い危機感を抱いた。

　そのような状況のもとで，「歴史認識フォーラム」が2002年3月に南京で開かれた。日・中・韓の研究者，教師が一堂に会して歴史認識問題について議論する民間レベルでの初めてのフォーラムであった。ここでの議論の内容は，①日本の教科書問題，②東アジアの平和と未来を共有することのできる歴史認識であった。その後，2005年5月に『未来をひらく歴史』が刊行された。

　「東アジア共同体構想」は，その後，中国の覇権のもと，なかなか進んでいない。日本も日米同盟の強化を軸に，中国の南沙諸島への領土拡大を監視する動きとなっている。EUでも，2016（平成28）年にはイギリスが離脱の方向へ向く（2016年6月23日の国民投票では離脱支持が約52％，残留支持が約48％であった）など，「共同体」の構想の困難さが露呈されている。「東アジア共同体構想」は，参加国すべての利害が調整され，一国にイニシアチブが取られることがないようにバランス良く，外交関係が進んでいかなければならない。

5 歴史教育の未来

 21世紀になり，2001年9月11日の「9・11同時多発テロ」は，世界に衝撃を与えた。だが，世界中でテロ・紛争は続いてやまない。
 こうした状況に，歴史学・歴史教育はどのような役割を持つのであろうか。
 ここでは，ハーバード大学名誉教授(歴史学)である入江昭氏の『歴史家が見る現代世界』(講談社現代新書，2014年)の論考をもとに，考えていきたい。
 歴史家の目に映る「現代世界」は，どういう世界か。例えば，「戦争の時代」としてとらえるならば，ケンブリッジ大学のクリストファー・ベイリーは，1780年から1914年までの歴史，フランス革命から第一次世界大戦までが「近代」であるという解釈で，それ以後が「現代」としている。現代は第二次世界大戦，そして冷戦に至る「戦争の時代」となる。
 しかし，エミリー・ローゼンバーグ編『結びつきつつある世界』(*A World Connecting 1870-1945*, Harvard University Press, 2012)では，19世紀後半から第二次世界大戦の終わる20世紀の半ばまでの時期を「戦争や国際危機」といった枠組みでとらえずに，世界各地が「技術的にも経済的にもつながりあっていた」ことに関心を持つ。
 これからの歴史学は，19世紀末から20世紀前半にかけての「社会や文化の流れ」にも視点を置くことになるという。
 1990年代以降，歴史研究の動向に大きな変化があった。従来の国家中心の研究が歴史の対象であったが，最近は広範囲(大西洋・太平洋など)の枠組み，世界全体を視野に入れた著述が多くなっている。入江氏も，そのような歴史研究の状況下で，国境を越えた人々の関わり合いや，全世界，全人類の関心事などを視野に入れた研究を進めるようになった。この視野のことは，「グローバル」「トランスナショナル」という言葉で表現されている。
 こうした，グローバル，トランスナショナルな視野での歴史研究は，①世界全体の動きをとらえようとする姿勢，②国や文化などの境界を越えた人間同士のつながりをたどること，③同じ地球に生息する自然環境も歴史研究の視野に入れることの3点が共通している。
 日本は，食料自給率で40％を切っている。つまり，60％が海外からの輸入に依存している。世界の各地との関係なしには，生活できないわけである。そうした意味においても，グローバルな視点で，グローバルな歴史を学んでいくこ

とが重要であろう。

　入江氏は，現在の日本に「戦後日本」からの脱却を唱える政治家や評論家が多いことに危惧する。敗戦後の占領期の改革，新憲法，民主主義，男女同権，平和主義などに否定的で，「国家主義」や「自主憲法」を軸とする新しい方向へ日本を持っていこうとすることに警鐘をならす。そして，その過程で「自虐的歴史観」を排除して，自分たちの国の過去に誇りを持てるような歴史を伝えようとしていることを心配する。自国の「固有」の伝統を学び，国境を守り，外国や外国人の影響を削減するかの動き，そのような一国中心主義が過去に成功したことはなく，現代の世界では通用しないものであることを認識すべきという。

　自国中心的な歴史観はどの国にも見られる現象であるとし，自分たちの国の歴史を独りよがりな解釈でとらえるだけで満足するのは，偏狭なナショナリズムを育成するだけでなく，現実の世界から孤立した意識を広めることになる。では，どのように歴史研究は対処していけばいいのだろうか。

　そこには，従来の「欧米中心の歴史」を反省することが求められる。歴史学そのものが西洋で発展したことも原因のひとつであろうが，古代・中世・近世・近代という「時代区分」を西洋の歴史を通して認識してきたことも影響している。

　その反省のもとに，「グローバル史観」が登場してくる。グローバル史観とは，国境を越えた協調をもとに，国境を越えた人と人のつながりに注目したものである。日本でも，日本と朝鮮半島，中国，渤海，北方ユーラシア，琉球，アイヌといった地域・人との枠組みで歴史をとらえている。広く，東アジア地域での人々の交流を見据えている。

　人類はひとつで，「多様性」と「共通性」を重ね持って，自然とは相互依存関係にある。社会も文化も刻々と変化している。地球では，あちこちで，大きな災害が起こっている。自然災害が起こると，周辺国は迅速に援助を行っている。また，防災の知恵は，世界中に広まるようになっている。そうした，相互依存も科学，輸送手段が発達した現代にとっては当たり前のこととなった。

　これから，特に世界の国々は，「隣国」との関係を重視する必要があろう。まずは，隣国である。しかし，日本は中国・韓国・北朝鮮との間で，「歴史認識」について対立することがある。入江氏は，「歴史認識」と「歴史解釈」を混同してはならないという。

　　「解釈」は「記憶」と同じように，個人（あるいは集団）がそれぞれのものをもっており，共通のものを見出すことは難しい。しかし，「歴史認識」は，解

釈とは違う。過去についての記憶や解釈が変わるからといって，歴史自体がそれにつれて変化するわけではない。何が，いつ，どこで起こったのかという史実，そしてそれがなぜ起こったのかを説明するような環境は，あとになって勝手に変えることはできない。したがって，この史実そのものの「認識」はだれにとっても同じものであるべきで，換言すればすべての人が共有できるものだということになる。

　現在，アジア・太平洋地域に住む歴史家の間では，広い意味での「太平洋の歴史」を考える動きが次第に顕著になっているという。こうした動きの中で「アジア・太平洋」の歴史が，そこに住む人々の間に共有するものになることは可能であろう。一国中心の歴史ではなく，すべての人々が共有し得る歴史を学んでいくことが，グローバルな結びつきをいっそう密接なものとするための根本条件であると，入江氏は述べる。

　こうした，「グローバル史観」を念頭に置きつつ，現代史を学び，世界とのつながり，人と人とのつながりを意識した歴史教育を進めていきたい。

おわりに

　2016(平成28)年6月27日に、文部科学省の教育課程部会・高等学校部会において、新学習指導要領の方向性案が示された。以下、その際に示された資料をもとに見ていきたい。
　まず、「新しい時代に必要となる資質・能力の育成」を行うために、
　① 学びを人生や社会に生かそうとする学びに向かう力・人間性の涵養
　② 生きて働く知識・技能の習得
　③ 未知の状況にも対応できる思考力・判断力・表現力等の育成
が必要とされる、「グランドデザイン」が提示されている。
　そして、この「グランドデザイン」を実現していくための方策として、以下のようなものが挙げられている。
　① 何ができるようになるか…よりよい学校教育を通じてよりよい社会を創るという目標を共有し、社会と連携・協働しながら、未来の創り手となるために必要な資質・能力を育む「社会に開かれた教育課程」を実現させる。そのために、各学校における「カリキュラム・マネジメント」の実現を図る。
　② 何を学ぶか…新しい時代に必要となる資質・能力を踏まえた教科・科目等の新設や目標・内容の見直し。高等学校の場合、新科目「公共」新設など。各教科等で育む資質・能力を明確化し、目標や内容を構造的に示す。
　③ どのように学ぶか…主体的・対話的で深い学び(アクティブ・ラーニング)の視点からの学習過程の改善。生きて働く知識・技能の習得など、新しい時代に求められる資質・能力の育成。知識の量を削減せず、質の高い理解を図るための学習過程の質的改善。
　究極の目的は、世界が平和であること、人類が協働して「幸せ」に生きていくこと。そのために、「どのように社会・世界と関わり、よりよい人生を送れるか」を思考し、それを実行していくこと。そこで、「確かな学力」「健やかな体」「豊かな心」を子どもたち一人ひとりに身につけさせたい。
　歴史教育に携わるものとして、「歴史検証には終わりがない。続いていく」(中央大学教授目加田説子氏)という言葉は歴史の本質でもあると感じた。
　歴史的事実の追究と検証は、時代が変わると、自ずとその影響も受けるだろう。基本は、世界の人々が幸せを感じることができる「生き方」、生活を考えること。そのために、問題点・課題を見つめ、改善・修正・変化していくことを

考え，実行して，実現させることを日々続けていくしかない。

　教師とは，どのような役割を果たせる存在なのだろうか。今の時点で，私が考える教師とは，「生徒の良いところ」に気づき，伸ばしていける教師。励ますことのできる教師。つらいとき，そばにいることができる。褒めることができる。叱ることができる。夢を語ることができる。そんな，教師であると考える。

　同僚の教師が研究会で，「教材研究は，誰にも負けないという"自負"があります」と，参加者の前で述べたことが，忘れられない。2001年秋のことである。これだけ，「自信」を持ってこの「ことば」を述べられるには，その先生自身の常日ごろの，授業に対する「意識」「気概」が心の奥にあるにちがいない。私は，このことばから良い影響を受けた。

　私が勤務する学校は，毎年2月に「公開研究会」を実施している。2000年から始まり，現在は17回である。各教科で2人ずつ授業を公開する。私は，2002年度「帝国主義（3年生歴史）」，2003年度「イラク戦争と国際平和（4年生現代社会）」，2005年度「アフリカの地理（1年生地理）」，2006年度「日比谷焼打ち事件（2年生歴史）」，2007年度「足尾鉱毒事件と田中正造（2年生歴史，草川剛人先生と合同授業）」，2009年度「現代バルカンを考える（4年生世界史）」，2011年度「現代中国を考える（4年生世界史）」，2013年度「領土問題を考える（5年生日本史）」，2014年度「集団的自衛権を考える（5年生日本史）」と実施してきた。

　2005年度の公開研究会までの，授業後の「検討会」では，さまざまな指摘を受けた。「発問が明確でない」「授業のねらいが明確でない」などが，その中心であった。その助言を真摯に受け止め，それ以降，発問・課題の提示は，「明確」にすることに努めてきた。

　2006年度の「日比谷焼打ち事件」以降の，授業準備の教材には，入念な準備を行ってきた。そのとき，感じたのが，「今，このタイトルで授業準備している教師は，日本中に"私"しかいない。手を抜かず，できる限り可能な時間を準備に充てよう」という決意であった。東京大学の総合図書館の書庫で本を探していると，見つけた「書籍」は，埃をかぶっていた。明らかに，10年近くはこの本を紐解いた人はいない。そうしたことに気づいたとき，とにかく「やるしかない」と思った。本気で史料に向き合っていると，「この史料（資料）」はテキストにできると思えるものに「出会う」。そして，その史料を読み込む，教室でどのように生徒に提示していくかを考える。まさに，佐藤学先生のおっしゃる「テキスト（資料）」に敬意を示して，テキストと「対話」していく瞬間の始まりであ

る。

　2009年度の「現代バルカンを考える」の授業を終えた後，滋賀県の先生から手紙をいただいた。その中に，「私も，先生のように徹底的に教材研究していきます」という言葉があった。嬉しかった。すべての授業に，長い時間はかけられないが，1年間で1つか2つの「テーマ」を決めて，それに関しては，できる限り徹底的に向き合っていくこと。これを，教師になった22歳から毎年毎年37，38年間(60歳までとして)続けていくならば，かなりの単元で，深い教材研究ができるであろう。

　60歳を定年と考えた場合，あと12年，最低でも12のテーマを徹底的に考えていきたい。そうした決意をすることも，小著を執筆することでできた。

　いろいろな出来事があり，社会科・歴史学はその影響を受けるだろう。ただ，私は，地球の歴史46億年の中の，人類の歴史およそ700万年(2016年現在の研究成果では)の中の，この21世紀を人類はいかに生きていくか，生きていくべきかを考え続けていきたい。人類が，みな幸福に生きていくという，理想を考えていきたい。それを，日本に生まれたという条件の中で考えていきたい。平和に，民主的に，人々が平等に安心・安全に生きていく社会。みなが，「おおらかに」「利他の精神」を持ち，「個々の個性」を認め合う人間関係・国際関係が築かれる社会。そうした，社会の創造を願っている。

参考文献（各章とも発行年代順）

第1章　教師とは何か〈教師論〉
勝田守一『教育と認識』国土社，1990年
斎藤喜博『一つの教師論』国土社，1990年
武田常夫『真の授業者をめざして』国土社，1990年
林竹二『教えるということ』国土社，1990年
林竹二『授業人間について』国土社，1990年
佐藤学『専門家として教師を育てる　教師教育改革のグランドデザイン』岩波書店，2015年

第2章　授業のデザイン〈授業論〉
有田和正『社会科教師』（名人への道）日本書籍，1989年
斎藤喜博『授業　子どもを変革するもの』国土社，1990年
斎藤喜博『授業入門』国土社，1990年
家本芳郎『楽しい「授業づくり」入門』高文研，1992年
加藤公明『わくわく論争！考える日本史授業　教室から〈暗記〉と〈正答〉が消えた』地歴社，1991年
加藤公明『考える日本史授業2　絵画でビデオで大論争！』地歴社，1995年
伴一孝『子どもが熱中する社会の授業』明治図書出版，2004年
谷和樹『教材研究にこだわる社会科授業の組み立て方』明治図書出版，2007年
加藤公明『考える日本史授業3　平和と民主社会の担い手を育てる歴史教育』地歴社，2007年
鳥山孟郎『授業が変わる世界史教育法』青木書店，2008年
加藤公明・和田悠編『新しい歴史教育のパラダイムを拓く　徹底分析！加藤公明「考える日本史」授業』地歴社，2012年
有田和正『今こそ社会科の学力をつける授業を　有田式授業づくりに学ぶ』教材・授業開発研究所編著，さくら社，2014年
加藤公明『考える日本史授業4　歴史を知り，歴史に学ぶ！今求められる《討論する歴史授業》』地歴社，2015年

第3章　教材の見つけ方・選び方・活用法〈教材論〉
渡辺賢二『実物・絵図でまなぶ日本近現代史』地歴社，1993年
宮内正勝・阿部泉『手に取る日本史教材　入手と活用』地歴社，1988年
稲垣忠彦・佐藤学『授業研究入門』岩波書店，1996年

第4章　歴史教育の実践者に学ぶ〈歴史教育論〉
黒羽清隆『日本史教育の理論と方法』地歴社，1972年
加藤正彦・八耳文之編『黒羽清隆歴史教育論集　子どもとともに歴史を学び歴史をつくる』竹林館，2010年
有田和正『社会科授業の教科書5・6年』（授業づくりの教科書）さくら社，2012年
有田和正『今こそ社会科の学力をつける授業を　有田式授業づくりに学ぶ』教材・授業開発研究所編著，さくら社，2014年

第5章　学習指導案の作成
東京学芸大学社会科教育学研究室編『中高社会科へのアプローチ　社会科教師の専門性育成』東京学芸大学出版会，2008年
臼井嘉一・柴田義松編著『社会・地歴・公民科教育法』学文社，1999年

第6章　教育実習の準備〈授業と検討会〉
教員養成基礎教養研究会・松平信久・横須賀薫編『教育の方法・技術』教育出版，1995年
大森正・石渡延男編著『新版　社会・地歴・公民の教育』梓出版社，2009年

第7章　つねに現在を考える
小倉紀蔵『歴史認識を乗り越える　日中韓の対話を阻むものは何か』講談社現代新書，2005年
吉川洋『人口と日本経済　長寿，イノベーション，経済成長』中公新書，2016年

第8章　「学びの共同体」の実践・課題
佐藤学『授業を変える学校が変わる　総合学習からカリキュラムの創造へ』小学館，2000年
浅野誠『授業のワザ一挙公開』大月書店，2002年
佐藤雅彰・佐藤学編『公立中学校の挑戦　授業を変える学校が変わる』ぎょうせい，2003年
佐藤学『教師たちの挑戦　授業を創る学びが変わる』小学館，2003年
佐藤学『学校の挑戦　学びの共同体を創る』小学館，2006年
佐藤学『教師花伝書　専門家として成長するために』小学館，2009年
佐藤学『学校見聞録　学びの共同体の実践』小学館，2012年
佐藤学『学校を改革する　学びの共同体の構想と実践』岩波書店，2012年
佐藤学・和井田節子・草川剛人・浜崎美保編著『「学びの共同体」で変わる！高校の

授業　授業と学びの大改革』明治図書出版，2015年
佐藤学『学び合う教室・育ち合う学校　学びの共同体の改革』小学館，2015年
佐藤学・浜崎美保・和井田節子・草川剛人編著『「学びの共同体」の実践　学びが開く！高校の授業　活動的で協同的な学びへ』明治図書出版，2015年

第9章　アクティブラーニングの進め方と注意点

アクティブラーニング実践プロジェクト編著『アクティブラーニング実践　現場ですぐに使える』産業能率大学出版部，2015年
西川純『すぐわかる！できる！アクティブ・ラーニング』学陽書房，2015年
松下佳代・京都大学高等教育研究開発推進センター編『ディープ・アクティブラーニング』勁草書房，2015年
小山英樹・峯下隆志・鈴木建生『この一冊でわかる！アクティブラーニング』PHP研究所，2016年
西川純編『すぐ実践できる！アクティブ・ラーニング　高校地歴公民』学陽書房，2016年
森川正樹『できる先生が実はやっている授業づくり77の習慣　「意識」すれば授業は変わる！』明治図書出版，2016年

第10章　授業の実際

城山三郎『辛酸　田中正造と足尾鉱毒事件』角川文庫，1979年
砂田弘『田中正造　公害とたたかった鉄の人』講談社火の鳥伝記文庫，1981年
佐江衆一『田中正造』岩波ジュニア新書，1993年
立松和平『毒　風聞・田中正造』東京書籍，1997年
小西聖一『田中正造　公害の原点，足尾鉱毒事件とたたかう』(NHKにんげん日本史)酒寄雅志監修，理論社，2005年
半田滋『日本は戦争をするのか　集団的自衛権と自衛隊』岩波新書，2014年
伊勢﨑賢治『日本人は人を殺しに行くのか　戦場からの集団的自衛権入門』朝日新書，2014年
石破茂『日本人のための「集団的自衛権」入門』新潮新書，2014年
香田洋二『賛成・反対を言う前の集団的自衛権入門』幻冬舎新書，2014年
浅井基文『集団的自衛権と日本国憲法』集英社新書，2002年
豊下楢彦『集団的自衛権とは何か』岩波新書，2007年
松竹伸幸『憲法九条の軍事戦略』平凡社新書，2013年
浦田一郎・前田哲男・半田滋『ハンドブック集団的自衛権』岩波書店，2013年
松竹伸幸『集団的自衛権の深層』平凡社新書，2013年

辻村みよ子『比較のなかの改憲論　日本国憲法の位置』岩波新書, 2014年
奥平康弘・山口二郎編『集団的自衛権の何が問題か　解釈改憲批判』岩波書店, 2014年
井上ひさし・樋口陽一『「日本国憲法」を読み直す』岩波現代文庫, 2014年
坂野潤治・山口二郎『歴史を繰り返すな』岩波書店, 2014年
遠藤誠治・遠藤乾編『安全保障とは何か』(シリーズ日本の安全保障1)岩波書店, 2014年

第11章　学びつづける教師

E.H. カー『歴史とは何か』岩波新書, 1962年
大塚久雄『社会科学の方法　ヴェーバーとマルクス』岩波新書, 1966年
内田義彦『社会認識の歩み』岩波新書, 1971年
マックス・ウェーバー『プロテスタンティズムの倫理と資本主義の精神』大塚久雄訳, 岩波文庫, 1988年
姜尚中『マックス・ウェーバーと近代』岩波現代文庫, 2003年
佐藤学『教師花伝書　専門家として成長するために』小学館, 2009年
宇野弘蔵『資本論に学ぶ』ちくま学芸文庫, 2015年
佐藤優『資本主義の極意　明治維新から世界恐慌へ』NHK出版新書, 2016年

第12章　歴史学と歴史教育の未来

海後宗臣『歴史教育の歴史』東京大学出版会, 1969年
カント『永遠平和のために』宇都宮芳明訳, 岩波文庫, 1985年
安田元久監修『歴史教育と歴史学』山川出版社, 1991年
鈴木良「歴史教育の現状と課題」『岩波講座日本通史　別巻1　歴史認識の現在』岩波書店, 1995年
田端宏・桑原真人監修『アイヌ民族の歴史と文化　教育指導の手引』山川出版社, 2000年
遠山茂樹『戦後の歴史学と歴史意識』岩波書店, 2001年
永原慶二『20世紀日本の歴史学』吉川弘文館, 2003年
日中韓3国共通歴史教材委員会編著『未来をひらく歴史　東アジア3国の近現代史　日本・中国・韓国＝共同編集』高文研, 2005年
劉傑・三谷博・楊大慶編『国境を越える歴史認識　日中対話の試み』東京大学出版会, 2006年
今野日出晴『歴史学と歴史教育の構図』東京大学出版会, 2008年
東京学芸大学社会科教育学研究室編『中高社会科へのアプローチ　社会科教師の専

門性育成』東京学芸大学出版会，2008年
「歴史認識と東アジアの平和」フォーラム・東京会議編『東アジアの歴史認識と平和をつくる力　東アジア平和共同体をめざして』日本評論社，2010年
土屋武志『解釈型歴史学習のすすめ　対話を重視した社会科歴史』梓出版社，2011年
成田龍一『近現代日本史と歴史学　書き替えられてきた過去』中公新書，2012年
日中韓3国共同歴史編纂委員会編『新しい東アジアの近現代史　日本・中国・韓国3国共同編集　下』日本評論社，2012年
入江昭『歴史家が見る現代世界』講談社現代新書，2014年
瀬川拓郎『アイヌ学入門』講談社現代新書，2015年
関口明・田端宏・桑原真人・瀧澤正編『アイヌ民族の歴史』山川出版社，2015年
新崎盛暉『日本にとって沖縄とは何か』岩波新書，2016年
瀬川拓郎『アイヌと縄文　もうひとつの日本の歴史』ちくま新書，2016年

あとがき

　中学校で社会科の「楽しさ」を教えて下さった柿沼光夫先生，高校で，「新書」を読むことを教えて下さった坂本満先生，世界史・日本史を「細かく」教えて下さり教育実習でも指導して下さった向井勝彦先生，教員採用試験へ向けて教師のあり方，論文指導を丁寧にして下った高内孜先生，大学で近代史（明治維新史）・卒業論文の指導をして下さった明治大学名誉教授の渡辺隆喜先生，大学院で修士・博士課程と指導して下さった法政大学名誉教授の安岡昭男先生に対して感謝の意を表します。

　また，歴史研究の過程で，つねにこころ暖かく声をかけて下さった法政大学教授の長井純市先生，そして，長井先生にご紹介いただき，気鋭の若手研究者が集まる研究会への参加を導いて下さり，「書く」ということの重要性を指摘して下さった東京大学教授の鈴木淳先生，大学院で専門外の古代史のゼミにもかかわらず，丁寧に指導して下さった東京大学教授の佐藤信先生に対して感謝の意を表します。

　そして，社会科の教師となってから初めての赴任校で，初任者研修の教科担当であった山本奨先生，世界史の授業への情熱を教えて下さった工藤智先生，現在の職場である東京大学教育学部附属中等教育学校で，「日本史教育」の本質を教えて下さった草川剛人先生（現帝京大学経済学部教授），私の授業を何度も見て「あなたらしさを大切に」といつも言って下さった佐藤学先生（東京大学名誉教授，学習院大学教授）に対して感謝の意を表します。

　現在の社会科教官室（教員室）のスタッフである橋本渉先生，村野光則先生，武田竜一先生，南澤武蔵先生には，日ごろより社会科に関する話題やときには議論，そして「読書会」を通して有意義な時間を過ごさせていただいていることに対して感謝の意を表します。

　そして，1993（平成5）年4月3日に結婚式で仲人をつとめて下さった，小原敏彦先生・濃婦子夫妻には，現在にわたって，いつも心をかけていただいている。小原先生の人見絹江研究を筆頭に，多くの執筆・研究を長きにわたって行っている姿からも影響を受けさせていただいていることにも感謝の意を表します。

　父好雄，母理恵子には幼いころより「本」のすばらしさを教えてもらい，父からはとくに，「15分の執筆の積み重ねで文章が書ける」ことを，母からは「一流のひと・もの・こと」から学ぶことの大切さを教えてもらった。最後に，妻淳子，2人の子，港と菜穂香，カメのかめきち，猫のキャッツと日々の楽しい生活を送ることができて感謝している。ありがとうございます。

2016（平成28）年8月30日　　　　　　　　　　　　　　　　　野﨑　雅秀

野﨑　雅秀　のざき　まさひで
1968年　埼玉県に生まれる
法政大学大学院人文科学研究科日本史学専攻博士後期課程単位取得退学
埼玉県立浦和東高等学校・桶川高等学校・桶川西高等学校　講師（1991〜95年）
埼玉県立松伏高等学校　教諭（1996〜2000年）
現在　東京大学教育学部附属中等教育学校　教諭（2001年〜）
　　　東京大学教育学部　非常勤講師（2002，2003，2007，2008，2010，2013年度）

主要論文
1998年「近代河川舟運の一考察」（安岡昭男編『近代日本の形成と展開』巌南堂書店）
2000年「近代における見沼代用水の舟運」（老川慶喜・大豆生田稔編『商品流通と東京市場』日本経済評論社）
2007年「6年間の総合学習から卒業研究へ」（『国際文化フォーラム通信』No.75）
2009年「6年日本史「学びの共同体」の実践」（『東大附属論集』第52号）
2011年「「韓国併合」100年を中学生・高校生・大学生はどう考えるか」（『東大附属論集』第54号）
2012年「高校生の「東日本大震災」の受け止め方の考察」（『東大附属論集』第55号）
2014年「領土問題を多角的に考える　日本・中国・沖縄・台湾の視点から」（研究代表者小玉重夫『シティズンシップ教育のカリキュラム開発』東京大学大学院教育学研究科小玉研究室）
2014年「史料から，多様な視点を導く歴史教育　秩父事件をテーマに」（橋本渉編『シティズンシップの授業　市民性を育むための協同学習』東洋館出版社）
2014年「領土問題を考える　中学生・高校生・大学生はどう認識するか」（『東大附属論集』第57号）
2015年「集団的自衛権を考える　授業実践の一考察」（『東大附属論集』第58号）
2015年「東京大学教育学部附属中等教育学校における海洋教育のカリキュラム開発」「東アジア海域の領土問題に関するカリキュラム」（東京大学海洋アライアンス海洋教育促進研究センター編『海洋教育のカリキュラム開発』日本教育新聞社）
2016年「経済成長と成熟社会を考える1　都市と地方の在り方の一考察」（『東大附属論集』第59号）
2017年「経済成長と成熟社会を考える2　幸せと希望からの一考察」（『東大附属論集』第60号）

これからの「歴史教育法」

2017年5月20日　第1版第1刷印刷			2017年5月31日　第1版第1刷発行

著　者　　野﨑　雅秀
発行者　　野澤　伸平
発行所　　株式会社　山川出版社
　　　　　〒101-0047　東京都千代田区内神田1-13-13
　　　　　電話　03(3293)8131(営業)　03(3293)8135(編集)
　　　　　https://www.yamakawa.co.jp/　振替　00120-9-43993
印刷所　　株式会社　太平印刷社
製本所　　株式会社　ブロケード
装　幀　　菊地　信義

© Masahide Nozaki 2017　　Printed in Japan　ISBN978-4-634-59101-1

・造本には十分注意しておりますが，万一，落丁・乱丁本などがございましたら，小社営業部宛にお送りください。送料小社負担にてお取り替えいたします。
・定価はカバーに表示してあります。